PANAMA
Almanach

PARIS
1893

CHEZ L'AUTEUR

46, BOULEVARD DE LA MARNE, A NOGENT-SUR-MARNE

ANNÉE 1893

ANNÉE 6606 de la période Julienne
— 2669 des Olympiades, ou la 1re année de la 668e Olympiade, commence en juillet 1893, en fixant l'ère des Olympiades 776 1/2 avant J.-C., ou vers le 1er juillet de l'an 3938 de la période Julienne.
— 2646 de la fondation de Rome, selon Varron.
— 2640 depuis l'ère de Nabonassar, fixée au 26 février de l'an 3967 de la période Julienne, ou 747 ans avant J.-C., selon les chronologistes, en 746 suivant les astronomes.
— 1893 du calendrier Grégorien établi en octobre 1582, depuis 310 ans ; elle commence le 1er janvier. — L'année 1893 du calendrier Julien commence 12 jours plus tard, le 13 janvier.
— 101 du calendrier Républicain Français, commence le 23 septembre 1892 et l'année 102 commence le 22 septembre 1893.
— 1310 des Turcs et de l'Hégire commence le 7 août 1892 et l'année 1311 commence le 26 juillet 1893.
— 5653 des Juifs, commence le 3 octobre 1892 et l'année 5654 commence le 22 septembre 1893.

COMPUT ECCLÉSIASTIQUE

Nombre d'or en 1893	13
Epacte	12
Cycle solaire	26
Indiction romaine	6
Lettre dominicale	A

QUATRE-TEMPS

Février	22, 24 et 25
Mai	24, 26 et 27
Septembre	20, 22 et 23
Décembre	20, 22 et 24

FÊTES MOBILES CATHOLIQUES

Septuagésime	29 janvier.	Pentecôte	21 mai.
Cendres	15 février.	Trinité	28 mai.
Pâques	2 avril.	Fête-Dieu	1er juin.
Rogations	8, 9, 10 mai.	1er Dimanche de l'Avent.	3 déc.
Ascension	11 mai.		

ÉCLIPSES EN 1893

Il y aura, en 1893, deux éclipses de soleil:

1. *Éclipse totale de soleil*, le 16 avril 1893, visible à Paris comme éclipse partielle. Commencement de l'éclipse, à 1 h. 2 m. soir; milieu, à 2 h. 36 m. soir; fin de l'éclipse, à 4 h. 29 m. soir.

2. *Éclipse annulaire de soleil*, le 9 octobre 1893, invisible à Paris. Commencement de l'éclipse, à 6 h. 49 m. matin; milieu, à 8 h. 22 m. matin; fin de l'éclipse, à 10 h. 38 m. matin.

JANVIER

Les jours croissent de 1 heure 4 minutes.

Entrée dans les signes du Zodiaque : LE VERSEAU, le 20.

JOURS		Lever et Coucher DU SOLEIL A PARIS		FÊTES, SAINTS ET PATRONS
du mois	de la semaine	lever	coucher	
		H. M.	H. M.	
1	D.	7 56	4 12	*Circoncision.* — S. Odilon, sᵗᵉ Euphrosine.
2	L.	7 56	4 13	S. Basile; s. Macaire; s. Isidore; sᵗᵉ Macre.
3	M.	7 56	4 14	S. Daniel; sᵗᵉ Geneviève.
4	M.	7 56	4 15	S. Grégoire; s. Eugène; s. Tite; sᵗᵉ Clémence.
5	J.	7 56	4 16	S. Edouard; sᵗᵉ Emilienne; sᵗᵉ Aimée.
6	V.	7 55	4 17	*Epiphanie.* — Sᵗᵉ Gertrude; sᵗᵉ Licière.
7	S.	7 55	4 18	S. Lucien; s. Cler; sᵗᵉ Mélanie; sᵗᵉ Basilisse.
8	D.	7 55	4 20	S. Guéverin; sᵗᵉ Gudule.
9	L.	7 54	4 21	S. Adrien; sᵗᵉ Marceau.
10	M.	7 54	4 22	S. Guillaume; sᵗᵉ Agathon; sᵗᵉ Stride.
11	M.	7 53	4 23	S. Théodose; sᵗᵉ Euphrasie.
12	J.	7 53	4 25	S. Eutrope; sᵗᵉ Latienne.
13	V.	7 52	4 26	S. Léonce; sᵗᵉ Véronique.
14	S.	7 52	4 27	S. Hilaire; s. Valentin; sᵗᵉ Yvette.
15	D.	7 51	4 29	S. Paul; sᵗᵉ Secondine.
16	L.	7 50	4 30	S. Honorat; s. Bon; sᵗᵉ Jeanne.
17	M.	7 50	4 32	S. Antoine; sᵗᵉ Roseline.
18	M.	7 49	4 33	Chaire de s. Pierre; s. Léonard; sᵗᵉ Florine.
19	J.	7 48	4 35	S. Remi; Sᵗᵉ Marthe.
20	V.	7 47	4 36	S. Sébastien; sᵗᵉ Lucine.
21	S.	7 46	4 38	S. Epiphane; sᵗᵉ Agnès.
22	D.	7 45	4 39	S. Vincent; sᵗᵉ Irène
23	L.	7 44	4 41	S. Ildefonse; sᵗᵉ Emérence.
24	M.	7 43	4 42	S. Thimothée; sᵗᵉ Grégoire.
25	M.	7 42	4 44	Conversion de s. Paul; s. Prix; sᵗᵉ Néomoise.
26	J.	7 41	4 46	S. Polycarpe; sᵗᵉ Paule.
27	V.	7 39	4 47	S. Chrysostome; sᵗᵉ Angèle de Mérici.
28	S.	7 38	4 49	S. Charlemagne; sᵗᵉ Marguerite de Hongrie.
29	D.	7 37	4 50	*Septuagésime.* — Sᵗᵉ Radegonde; sᵗᵉ Sabine.
30	L.	7 36	4 52	S. Hippolyte; sᵗᵉ Bathilde.
31	M.	7 34	4 54	S. Pierre Nolasque; sᵗᵉ Marcelle.

PHASES DE LA LUNE

P. L. le 2, à 1 h. 50 soir. | N. L. le 18, à 1 h. 38 matin.
D. Q. le 9, à 10 h. 38 soir. | P. Q. le 25, à 6 h. 36 matin.

FÉVRIER

Les jours croissent de 1 heure 31 minutes.

Entrée dans les signes du Zodiaque : LES POISSONS, le 18.

JOURS		Lever et Coucher DU SOLEIL A PARIS		FÊTES, SAINTS ET PATRONS
du mois	de la semaine	lever	coucher	
		H. M.	H. M.	
1	M.	7 33	4 55	S. Ignace; ste Brigitte.
2	J.	7 32	4 57	*Purification de la Sainte Vierge; Chandeleur.*
3	V.	7 30	4 59	F. de l'Immaculé Cœur de Marie; s. Blaise.
4	S.	7 29	5 0	S. André Cornier; ste Jeanne de Valois.
5	D.	7 27	5 2	*Sexagésime.* — Ste Agathe.
6	L.	7 26	5 4	S. Waast; ste Dorothée.
7	M.	7 24	5 5	S. Romuald; ste Julienne.
8	M.	7 23	5 7	S. Jean de Matha; ste Cointe.
9	J.	7 21	5 9	S. Ansberg; ste Apolline.
10	V.	7 19	5 10	S. Guillaume; ste Scholastique.
11	S.	7 18	5 12	S. Saturnin; s. Didier; s. Séverin.
12	D	7 16	5 14	*Quinquagésime.* — Ste Modeste.
13	L.	7 14	5 15	S. Grégoire II; ste Catherine de Ricí.
14	M.	7 13	5 17	S. Valentin; s. Auvent.
15	M.	7 11	5 19	*Cendres.* — Ste Georgie.
16	J.	7 9	5 20	Ste Julienne; s. Onésime.
17	V.	7 8	5 22	S. Théodule; s. Julien; ste Marianne.
18	S.	7 6	5 24	S. Siméon; s. Flavien.
19	D.	7 4	5 25	*Quadragésime.*
20	L.	7 2	5 27	S. Eucher; s. Eleuthère.
21	M.	7 0	5 28	S. Pépin; s. Félix.
22	M.	6 58	5 30	*Quatre-Temps.* — S. Pierre Damien; ste Isabelle.
23	J.	6 56	5 32	Ste Milburge; s. Dosithée.
24	V.	6 55	5 33	*Quatre-Temps.* — S. Mathias; ste Isabelle.
25	S.	6 53	5 35	*Quatre-Temps.* — S. Victorin; s. Césaire.
26	D.	6 51	5 36	*Reminiscere.* — S. Porphyre; s. Nestor.
27	L.	6 49	5 38	S. Léandre; s. Julien.
28	M.	6 47	5 40	S. Roman; s. Lucipin; ste Sire.

PHASES DE LA LUNE

P. L. le 1, à 2 h. 20 matin. | N. L. le 16, à 4 h. 26 soir.
D. Q. le 8, à 8 h. 21 soir. | P. Q. le 23, à 2 h. 23 soir.

JANVIER

MOIS DES NEIGES

Costume adopté par les députés opportunistes depuis que le Panama les a refroidis.

FÉVRIER

MOIS DES PLUIES

AU PROCHAIN SALON
La représentation nationale.

X..., le financier parvenu, fait visiter hier à Z... le superbe hôtel qu'il vient de faire construire aux environs du parc Monceau.

— Que dites-vous de ceci? Que dites-vous de cela? interroge-t-il en traversant les somptueux salons.

— Très beau!

— Et cet escalier *dérobé?*

— Il est *dérobé*, réplique Z.... Eh bien! je trouve qu'il ne diffère en rien du reste de la maison.

***

Entre employés de magasin :

— Tu sais, si le patron ne retire pas les paroles qu'il m'a adressées tout à l'heure, je quitte la maison !

— Qu'est-ce qu'il t'a dit?

— ... Il m'a dit : « Je vous flanque à la porte! »

MARS

Les jours croissent de 1 heure 48 minutes.

Entrée dans les signes du Zodiaque : LE BÉLIER, le 19.

JOURS		Lever et Coucher DU SOLEIL A PARIS		FÊTES, SAINTS ET PATRONS
du mois	de la semaine	lever	coucher	
		H. M.	H. M.	
1	M.	6 45	5 41	S. Aubin; ste Antonine.
2	J.	6 43	5 43	S. Charles le Bon; s. Simplice.
3	V.	6 41	5 44	Ste Cunégonde; s. Marin.
4	S.	6 39	5 46	S. Casimir; s. Luce.
5	D.	6 37	5 48	S. Théophile; s. Adrien.
6	L.	6 35	5 49	S. Marcien. ste Colette.
7	M.	6 33	5 51	S. Thomas d'Aquin; ste Perpétue; ste Félicité.
8	M.	6 31	5 52	S. Jean de Dieu.
9	J.	6 29	5 54	*Quatre-Temps.* — S. Grégoire de Nysse.
10	V.	6 27	5 55	Les quarante Martyrs; s. Attale.
11	S.	6 25	5 57	S. Euloge; ste Anastasie; s. Constant.
12	D.	6 23	5 58	S. Grégoire le Grand; s. Théophraste.
13	L.	6 20	6 0	S. Nicéphore; ste Euphrasie.
14	M.	6 18	6 2	Ste Mathilde ou Mahault; s. Lubin.
15	M.	6 16	6 3	S. Zacharie; ste Lucrèce.
16	J.	6 14	6 5	S. Cyriaque; s. Julien.
17	V.	6 12	6 6	S. Patrice; ste Gertrude.
18	S.	6 10	6 8	S. Cyrille; ste Julienne; ste Euphémie.
19	D.	6 8	6 9	*Passion.*
20	L.	6 6	6 11	S. Joachim; s. Cuthbert.
21	M.	6 4	6 12	S. Benoît; s Sérapion; s. Sérapin.
22	M.	6 2	6 14	S. Paul; ste Catherine; ste Léc.
23	J.	5 59	6 15	S. Victorien; ste Pélagie.
24	V.	5 57	6 17	S. Siméon; s. Marc et s. Timothée; ste Gabrielle.
25	S.	5 55	6 18	Annonciation de la ste Vierge; s Irénée; s. Pélage.
26	D.	5 53	6 20	*Rameaux.* — Ste Eugénie; ste Emma.
27	L.	5 51	6 21	S. Rupert; ste Lydie.
28	M.	5 49	6 23	S. Gontran; ste Dorothée.
29	M.	5 47	6 24	S. Eustache; ste Alida; ste Julienne de Nicomédie.
30	J.	5 45	6 26	S. Pasteur; ste Angéline.
31	V.	5 43	6 27	*Vendredi Saint.* — S. Benjamin; ste Amédée.

PHASES DE LA LUNE

P. L. le 2, à 4 h. 12 soir. | N. L. le 18, à 4 h. 43 matin.
D. Q. le 10, à 5 h. 23 soir. | P. Q. le 24, à 9 h. 43 soir.

AVRIL

Les jours croissent de 1 heure 39 minutes.

Entrée dans les signes du Zodiaque : LE TAUREAU, le 19.

JOURS		Lever et Coucher DU SOLEIL A PARIS		FÊTES, SAINTS ET PATRONS
du mois	de la semaine	lever	coucher	
		H. M.	H. M.	
1	S.	5 41	6 29	*Samedi Saint.* — S. Hugues; ste Théodora.
2	D.	5 38	6 30	*Pâques.* — S. François de Paul; ste Floberde.
3	L.	5 36	6 31	S. Richard; ste Pure; ste Irène.
4	M.	5 34	6 33	S. Ambroise; ste Théodule; ste Alix.
5	M.	5 32	6 34	S. Vincent Ferrier; ste Julienne.
6	J.	5 30	6 36	S. Célestin; ste Vaudru.
7	V.	5 28	6 37	S. Hégésippe; ste Elvire.
8	S.	5 26	6 39	S. Gautier; ste Geneviève de Brabant.
9	D.	5 24	6 40	*Quasimodo.* — S. Hugues; s. Isidore.
10	L.	5 22	6 42	S. Fulbert; ste Molde.
11	M.	5 20	6 43	S. Léon le Grand; ste Godeberte.
12	M	5 18	6 45	Ste Visse; ste Marguerite.
13	J.	5 16	6 46	S. Justin; ste Mathilde.
14	V.	5 14	6 48	S. Robert; s. Mélite.
15	S.	5 12	6 49	S. Marc.
16	D.	5 10	6 51	S. Riquier; s. Basilée; s. Labre.
17	L.	5 8	6 52	S. Anicet; ste Claire.
18	M.	5 6	6 54	S. Didme et s. Vital; ste Élisabeth.
19	M.	5 4	6 55	S. Pierre; ste Catherine.
20	J.	5 2	6 57	S. Marcellin; ste Agnès.
21	V.	5 0	6 58	S. Anselme; ste Mélanie.
22	S.	4 58	7 0	Ste Opportune.
23	D.	4 57	7 1	S. Georges.
24	L.	4 55	7 3	S. Robert; ste Beuve.
25	M.	4 53	7 4	S. Marc; ste Franque.
26	M.	4 51	7 6	Ste Espérance ou Espérance; ste Amélie.
27	J.	4 49	7 7	S. Anthime; s. Polycarpe; ste Zite.
28	V.	4 48	7 8	S. Vital; ste Valérie.
29	S.	4 46	7 10	S. Émilien; ste Marie; ste Antonie.
30	D.	4 44	7 11	S. Jacques et s. Mazien; s. Maxime; ste Catherine.

PHASES DE LA LUNE

P. L. le 1, à 7 h. 27 matin.   P. Q. le 23, à 5 h. 36 matin.
D. Q. le 9, à 11 h. 45 matin.   P. L. le 30, à 11 h. 32 soir.
N. L. le 16, à 2 h. 44 soir.

MARS

MOIS DES VENTS

— On voit bien que le vent vient de Panama !

AVRIL

MOIS DE LA GERMINATION

Pêché dans le canal.

Au régiment :

— Dites donc, vous, Letourné, voudriez-vous, s'il vous plaît, *sentir les coudes...*

— J' peux pas, sergent, j' suis enrhumé du cerveau.

.

On parle toujours d'un député qui s'emballe à propos de rien.

— Pourquoi X prend-il donc toujours la mouche ?

— Probablement qu'il a une araignée au plafond.

.

Entre financiers :

— Eh bien ? combien donnez-vous de dividende cette année ?

— Le double de l'année dernière.

— C'est gentil. Et combien avez-vous donné l'année dernière ?

— Rien du tout.

MAI

Les jours croissent de 1 heure 16 minutes.

Entrée dans les signes du Zodiaque : LES GÉMEAUX, le 20.

JOURS		Lever et Coucher DU SOLEIL A PARIS		FÊTES, SAINTS ET PATRONS
du mois	de la semaine	lever	coucher	
		H. M.	H. M.	
1	L.	4 42	7 13	S. Philippe ; s. Jacques ; s^te Floride ; s^te Berthe.
2	M.	4 41	7 14	S. Athanase ; s^te Rachilde.
3	M.	4 39	7 16	Invent. de la s^te Croix ; s. Alexandre ; s^te Maure.
4	J.	4 37	7 17	Ste Pélagie ; s. Florin ; s^te Monique.
5	V.	4 36	7 19	S. Hilaire ; s. Pie V.
6	S.	4 34	7 20	S. Jean.
7	D.	4 32	7 21	S. Stanislas ; s^te Flavie.
8	L.	4 31	7 23	*Rogations.* — S. Pierre ; s. Désiré.
9	M.	4 29	7 24	S. Grégoire de Nazianze ; s^te Blanche.
10	M.	4 28	7 26	S. Isidore ; s. Antonin ; s. Gordien.
11	J.	4 26	7 27	*Ascension.* — S. Mayeul ; s Mamert.
12	V.	4 25	7 28	S. Achille ; s. Epiphane ; s^te Flavie.
13	S.	4 24	7 30	S. Servais ; s. Mucius ; s^te Glycère
14	D.	4 22	7 31	S. Boniface ; s^te Aglaé ; s. Pacôme ; s. Pascal.
15	L.	4 21	7 32	S. Pierre ; s. André ; s. Paul ; s^te Denise ; s^te Dympe.
16	M	4 20	7 34	S. Honoré ; s. Ubald ; s. Domnole ou Anolet.
17	M.	4 18	7 35	S. Pascal ; s^te Restitue.
18	J.	4 17	7 36	S. Félix ; s. Eric ; s^te Juliette.
19	V.	4 16	7 38	S. Célestin ; s^te Prudentienne.
20	S.	4 15	7 39	S. Bernardin de Sienne ; s^te Basile.
21	D.	4 13	7 40	*Pentecôte.* — S. Polyeucte ; s. Théobald ; s^te Estelle.
22	L.	4 12	7 41	S. Romain ; s. Emile ; s^te Julie.
23	M.	4 11	7 42	S. Didier ; s^te Sophie.
24	M.	4 10	7 44	*Quatre-Temps.* — S. Donatien ; s^te Suzanne.
25	J.	4 9	7 45	S. Urbain ; s^te Marie.
26	V.	4 8	7 46	*Quatre-Temps.* — S. Philippe de Néri, s^te Marianne.
27	S.	4 7	7 47	*Quatre-Temps.* — S. Eutrope ; s^te Marie-Madeleine.
28	D.	4 7	7 48	*Trinité.* — S. Germain ; s^te Pétronelle.
29	L.	4 6	7 49	S. Cyrille ; s. Maximilien.
30	M.	4 5	7 50	S. Basile et s^te Emilie.
31	M.	4 4	7 51	Ste Pétronille ; s^te Hermie ; s^te Angèle de Mérici.

PHASES DE LA LUNE

D. Q. le 9, à 2 h. 36 matin. | P. Q. le 22, à 3 h. 1 soir.
N. L. le 15, à 10 h. 56 soir. | P. L. le 30, à 3 h. 32 soir.

JUIN

Les jours croissent de 14 minutes.

Entrée dans les signes du Zodiaque : LE CANCER, le 21.

JOURS		Lever et Coucher DU SOLEIL A PARIS		FÊTES, SAINTS ET PATRONS
du mois	de la semaine	lever	coucher	
		H. M.	H. M.	
1	J.	4 3	7 52	*Fête-Dieu.* — S. Siméon; s. Caprais; ste Sabine.
2	V.	4 3	7 53	S. Pothin; ste Blandine.
3	S.	4 2	7 54	Ste Clotilde; ste Paule.
4	D.	4 1	7 55	S. Alexandre; ste Saturnine.
5	L.	4 0	7 56	S. Boniface; ste Valérie.
6	M.	4 0	7 57	S. Claude; ste Pauline; s. Norbert.
7	M.	4 0	7 57	S. Wulphe; ste Sébastienne.
8	J.	3 58	7 58	S. Médard; s. Gildard; ste Calliope.
9	V.	3 59	7 58	S. Félicien; s. Vincent; s. Julien.
10	S.	3 59	7 59	S. Landri; ste Marguerite.
11	D.	3 59	8 0	S. Barnabé; ste Adélaïde.
12	L.	3 58	8 0	S. Basilide; ste Antonine; s. Onuphre.
13	M.	3 58	8 1	S. Antoine de Padoue.
14	M.	3 58	8 2	S. Basile; s. Ruffin; s. Valère.
15	J.	3 58	8 2	S. Guy; s. Modeste; s. Crescence; ste Libie.
16	V.	3 58	8 3	S. Cyr; ste Juliette; s. Ferréol.
17	S.	3 58	8 3	S. Manuel; s. Aurélien; ste Aline.
18	D.	3 58	8 4	S. Amand; ste Elisabeth.
19	L.	3 58	8 4	S. Gervais et s. Protais.
20	M.	3 58	8 4	S. Adalbert; ste Florence.
21	M.	3 58	8 4	*Été* à midi. — S. Leufroy; s. Louis de Gonzague.
22	J.	3 58	8 5	S. Paulin; s. Alban.
23	V.	3 59	8 5	Ste Idiltrude; ste Marie d'Oignies.
24	S.	3 59	8 5	Nativité de s. Jean-Baptiste; ste Jeannette.
25	D.	3 59	8 5	S. Prosper; s. Chamans.
26	L.	4 0	8 5	S. Maixent; ste Persévérande.
27	M.	4 0	8 5	S. Ladislas; ste Ponce; s. Adelin; ste Adélaïde.
28	M.	4 0	8 5	S. Irénée; ste Marcelle.
29	J.	4 1	8 5	S. Paul; s. Pierre; ste Benoîte.
30	V.	4 2	8 5	Commémoration de s. Paul; ste Emilienne.

PHASES DE LA LUNE

D. Q. le 7, à 1 h. 52 soir. | P. Q. le 21, à 2 h. 47 matin.
N. L. le 14, à 6 h. 10 matin. | P. L. le 29, à 6 h. 35 matin.

MAI

MOIS DES FLEURS

— La journée de huit heures! Tas de feignants, va!

JUIN

MOIS DES PRAIRIES

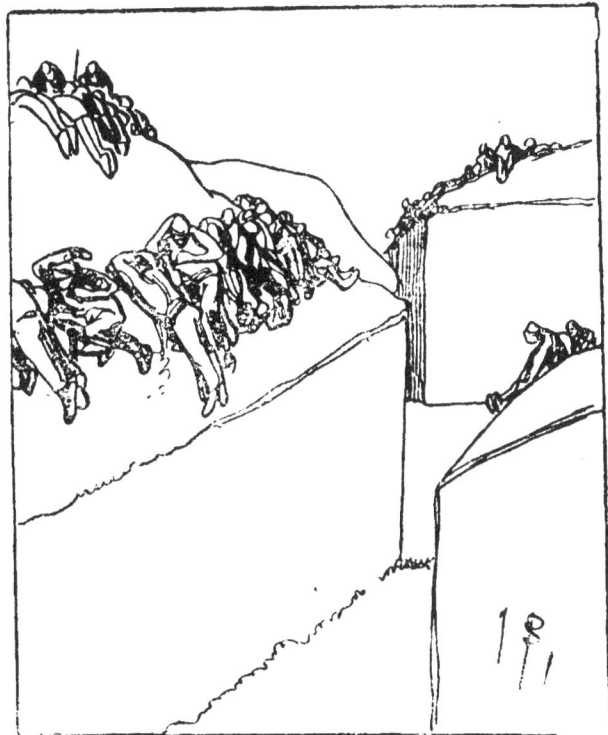

Les actionnaires de Panama, réunis dans la capitale, attendent sur les fortifications le bon vouloir du gouvernement.

Un paysan consulte un jeune avocat.

— V'là l'affaire. Si un canard va pondre un œuf dans une ferme, à qui appartient l'œuf? Au propriétaire de la ferme ou au propriétaire du canard?

L'avocat se prend le menton, et après mûre réflexion :

— L'œuf appartient au propriétaire du canard?

— Ah! répond le paysan, vous en êtes bien sûr!

— Absolument certain!

— Alors vous avez déjà vu un canard pondre un œuf?

Tête de l'avocat!

Simple réflexion :

De tous côtés on entend dire que la République est pacifiée.

Et l'écho répond :

— Pas s'y fier...

JUILLET

Les jours décroissent de 1 heure.

Entrée dans les signes du Zodiaque : LE LION, le 21.

JOURS		Lever et Coucher DU SOLEIL A PARIS		FÊTES, SAINTS ET PATRONS
du mois	de la semaine	lever	coucher	
		H. M.	H. M.	
1	S.	4 2	8 5	S. Thibaud; ste Reine de Denain.
2	D.	4 3	8 4	Visitation de la ste Vierge à ste Elisabeth; s. Ot hon.
3	L.	4 3	8 4	S. Anatole; s. Raymond de Toulouse.
4	M.	4 4	8 4	Ste Elisabeth; s. Flavien; ste Berthe.
5	M.	4 5	8 3	S. Pierre de Luxembourg; ste Zoé et ste Cyrille.
6	J.	4 6	8 3	Ste Dominique; ste Lucie.
7	V.	4 6	8 2	S. Prosper; s. Pantène.
8	S.	4 7	8 2	S. Procope; ste Elisabeth.
9	D.	4 8	8 1	S. Cyrille; ste Anatolie; s. Brice.
10	L.	4 9	8 1	S. Sylvain; ste Félicité.
11	M.	4 10	8 0	S. Benoit; s. Cyprien; ste Euphémie.
12	M.	4 11	7 59	S. Jean Gualbert; s. Sara.
13	J.	4 12	7 59	S. Eugène; s. Turiaf.
14	V.	4 13	7 58	*Fête nationale.* — S. Bonaventure; ste Ringue.
15	S.	4 14	7 57	S. Henri; ste Brigitte; ste Sara.
16	D.	4 15	7 56	S. Valentin; Notre-Dame du Mont-Carmel.
17	L.	4 16	7 55	S. Alexis; ste Marceline.
18	M.	4 17	7 54	S. Frédéric; s. Arnault.
19	M	4 18	7 53	S. Vincent de Paul; s. Juste.
20	J.	4 19	7 52	S. Vilmer; ste Marguerite.
21	V.	4 20	7 51	S. Victor.
22	S.	4 21	7 50	S. Théophile; ste Marie-Madeleine.
23	D.	4 23	7 49	S. Apollinaire; ste Brigite de Suède.
24	L.	4 24	7 48	*Canicule.* — Ste Christine; s. Uriscin.
25	M.	4 25	7 47	S. Jacques le Majeur; s. Christophe; ste Valentine.
26	M.	4 26	7 45	S. Marcel; ste Anne; s. Germain.
27	J.	4 28	7 44	S. Serge; ste Nathalie.
28	V.	4 29	7 43	S. Nazaire.
29	S.	4 30	7 41	Ste Marthe; s. Loup; ste Séraphine.
30	D.	4 31	7 40	S. Abel; ste Juliette.
31	L.	4 42	7 39	S. Ignace de Loyola; s. Olga.

PHASES DE LA LUNE

D. Q. le 6, à 10 h. 15 soir. | P. Q. le 20, à 5 h. 12 soir.
N. L. le 13, à 1 h. 57 soir. | P. L. le 28, à 8 h. 19 soir.

AOUT

Les jours décroissent de 1 heure 38 minutes.

Entrée dans les signes du Zodiaque : LA VIERGE, le 22.

JOURS		Lever et Coucher DU SOLEIL A PARIS		FÊTES, SAINTS ET PATRONS
du mois	de la semaine	lever	coucher	
		H. M.	H. M.	
1	M.	4 34	7 37	S. Léonce; ste Espérance; ste Sophie.
2	M.	4 35	7 36	S. Théodore; s. Alphonse.
3	J.	4 37	7 34	S. Etienne; s. Euphorne; ste Lydie.
4	V.	4 38	7 33	S. Dominique; ste Perpétue.
5	S.	4 39	7 31	S. Mengo; ste Nonne.
6	D.	4 41	7 30	Transfiguration; s. Sixte.
7	L.	4 42	7 28	S. Albert; s. Donat.
8	M.	4 44	7 26	Justin; ste Léonide.
9	M.	4 45	7 25	S. Romain; s. Secundien; s. Marcellien; s. Vivien.
10	J.	4 46	7 23	S. Laurent.
11	V.	4 48	7 22	S. Taurin; ste Suzanne.
12	S.	4 49	7 20	Ste Claire ou Clara.
13	D.	4 50	7 18	S. Hippolyte; ste Radegonde.
14	L.	4 52	7 16	S. Eusèbe; s. Marcel; ste Anastasie.
15	M,	4 53	7 14	*Assomption.*
16	M.	4 55	7 13	S. Roch.
17	J.	4 56	7 11	S. Mammès; ste Julienne.
18	V.	4 58	7 9	S. Firmin; ste Hélène.
19	S.	4 59	7 7	S. Timothée; s. Jules; ste Marianne.
20	D.	5 0	7 5	S. Bernard; ste Emilie.
21	L.	5 2	7 3	S. Privat; ste Jeanne de Chantal.
22	M.	5 3	7 2	S. Hippolyte; s. Symphorien.
23	M.	5 5	7 0	S. Claude; s. Astère; s. Flavien; ste Douville.
24	J.	5 6	6 58	S. Barthélemy; s. Ouen.
25	V.	5 7	6 56	S. Louis.
26	S.	5 9	6 54	S. Geniès; ste Rosine.
27	D.	5 10	6 52	S. Georges; s. Césaire; ste Marguerite d'Ancône.
28	L.	5 12	6 50	S. Augustin; ste Isabelle.
29	M.	5 13	6 48	S. Merr; ste Séraphie.
30	M.	5 14	6 46	S. Fiacre; ste Rose de Lima.
31	J.	5 16	6 44	S. Raimond; s. Moïse; ste Amnia.

PHASES DE LA LUNE

D. Q. le 5, à 4 h. 33 matin. | P. Q. le 19, à 10 h. 1 matin.
N. L. le 11, à 8 h. 57 soir. | P. L. le 27, à 8 h. 52 matin.

JUILLET

MOIS DES MOISSONS

LE QUATORZE
Le jour de boire est arrivé!

AOUT

MOIS DES CHALEURS

SUR LES COTES DE BRETAGNE
— Pourquoi as-tu frémi, bobonne?
— J'ai lu dans un journal que les courants apportaient ici de l'eau du Panama.

Un religieux de manières distinguées et paraissant occuper un rang élevé dans son ordre, se trouvait dans un wagon en compagnie de jeunes gens qui se mirent à fumer sans adresser la demande préalable. Quelques instants après, le pieux personnage tira son chapelet et, s'adressant à ces étourdis:

— J'espère, messieurs, que cela ne vous incommode pas.

La leçon fut comprise, et les jeunes gens se disposaient à éteindre leurs cigares, quand l'autorisation leur fut gracieusement accordée.

* *

— Enseignez-nous donc, disait un pauvre diable, le chemin qui mène à la fortune!

— Rien de plus facile, lui répondit quelqu'un, « prenez » à droite, « prenez » à gauche; « prenez » de tous les côtés. Voilà tout!

SEPTEMBRE

Les jours décroissent de 1 heure 43 minutes.

Entrée dans les signes du Zodiaque : LA BALANCE, le 22.

JOURS		Lever et Coucher DU SOLEIL A PARIS		FÊTES, SAINTS ET PATRONS
du mois	de la semaine	lever	coucher	
		H. M.	H. M.	
1	V.	5 17	6 42	S. Leu; s. Gilles.
2	S.	5 19	6 40	S. Antonin; s. Just; ste Calliste.
3	D.	5 20	6 38	S. Albéric; ste Séraphie; s. Siméon.
4	L.	5 22	6 36	S. Marin; s. Marcel et ste Valérie; ste Rosalie de P.
5	M.	5 23	6 34	S. Victorin; s. Bertin.
6	M.	5 24	6 31	S. Humbert; s. Macaire.
7	J.	5 26	6 29	S. Cloud.
8	V.	5 27	6 27	Nativité de la Vierge. — S. Nestor.
9	S.	5 29	6 25	S. Omer.
10	D.	5 30	6 23	Ste Pulchérie; ste Eléonore.
11	L.	5 31	6 21	S. Hyacinthe; ste Albertine.
12	M.	5 33	6 19	S. Guy: ste Victoire.
13	M.	5 34	6 17	S. Aimé; ste Hermine.
14	J.	5 36	6 15	Exaltation de la Ste Croix; s. Corneille; ste Salustic
15	V.	5 37	6 12	S. Porphyre; ste Eutropie.
16	S.	5 39	6 10	S. Marcien; ste Edith.
17	D.	5 40	6 8	S. Lambert; ste Colombe.
18	L.	5 41	6 6	S. Ferréol; ste Sophie et ste Irène.
19	M.	5 43	6 4	S. Janvier; ste Constance.
20	M.	5 44	6 2	*Quatre-Temps.* — S. Mathieu; ste Iphigénie.
21	J.	5 46	6 0	S. Eustache; ste Fauste; ste Evilase.
22	V.	5 47	5 58	*Quatre-Temps.* — S. Maurice; ste Digne.
23	S.	5 49	5 55	*Quatre-Temps.* — S. Lin; ste Thècle.
24	D.	5 50	5 53	S. Gérard; N.-D. de la Merci.
25	L.	5 51	5 51	S. Firmin; ste Aurèle.
26	M.	5 53	5 49	S. Cyprien; ste Justine.
27	M.	5 54	5 47	S. Cosme; s. Damien; ste Judith.
28	J.	5 56	5 45	S. Privat; ste Lièbe.
29	V.	5 57	5 43	S. Michel; ste Gudélie.
30	S.	5 59	5 41	S. Jérôme; ste Germaine.

PHASES DE LA LUNE

D. Q. le 3, à 9 h. 51 matin·   P. Q. le 18, à 4 h. 28 matin.
N. L. le 10, à 7 h. 14 matin.   P. L. le 25, à 8 h. 32 soir.

OCTOBRE

Les jours décroissent de 1 heure 43 minutes.

Entrée dans les signes du Zodiaque : LE SCORPION, le 23.

du mois	de la semaine	lever	coucher	FÊTES, SAINTS ET PATRONS
		H. M.	H. M.	
1	D.	6 0	5 38	S. Remi.
2	L.	6 2	5 36	Les ss. Anges Gardiens; s. Léger; s. Aigre.
3	M.	6 3	5 34	S. Maximien; N.-D. du Rosaire; ste Romaine.
4	M.	6 5	5 32	S. François d'Assise; ste Flavie.
5	J.	6 6	5 30	S. Placide; ste Galla.
6	V.	6 8	5 28	S. Bruno.
7	S.	6 9	5 26	S. Auguste; ste Justine.
8	D.	6 11	5 24	S. Siméon ; ste Thais.
9	L.	6 12	5 22	S. Denis.
10	M.	6 14	5 20	S. Louis Bertrand; Ste Eulampie.
11	M.	6 15	5 18	S. Nicaise; ste Zénaïde.
12	J.	6 17	5 16	S. Séraphin; s. Placide.
13	V.	6 18	5 14	S. Edouard; ste Aurélie.
14	S.	6 20	5 12	S. Evariste; ste Fortunée.
15	D.	6 21	5 10	S. Florentin ; ste Thérèse.
16	L.	6 23	5 8	S. Gall; ste Bologne.
17	M.	6 24	5 6	S. André de Crète; ste Hedvige.
18	M.	6 26	5 4	S. Luc l'Évangéliste; ste Triphonie.
19	J.	6 27	5 2	S. Savinien; ste Laurence.
20	V.	6 29	5 0	S. Félicien; ste Irène.
21	S.	6 31	4 58	S. Hilarion; ste Céline.
22	D.	6 32	4 56	S. Eusèbe; ste Elodie.
23	L.	6 34	4 55	S. Romain; ste Ursule.
24	M.	6 35	4 53	S. Magloire; ste Sabine.
25	M.	6 37	4 51	S. Crépin; s. Crépinien; ste Barie.
26	J.	6 38	4 49	S. Rustique; s. Lucien et s. Marcien.
27	V.	6 40	4 47	S. Fromont; s. Florent.
28	S.	6 42	4 46	S. Simon le Chananéen; ste Louise; s. Cyrille.
29	D.	6 43	4 44	S. Narcisse; s. Hyacinthe.
30	L.	6 45	4 42	S. Marcel; ste Zénobie.
31	M.	6 46	4 41	S. Quentin; ste Lucile.

PHASES DE LA LUNE

D. Q. le 2, à 3 h. 28 soir.　P. L. le 25, à 7 h. 37 matin.
N. L. le 9, à 8 h. 37 soir.　D. Q. le 31, à 10 h. 51 soir.
P. Q. le 17, à 11 h. 29 soir.

SEPTEMBRE

MOIS DES FRUITS

— Décidément, c'est mon Panama qui leur fait peur!

OCTOBRE

MOIS DES VENDANGES

— Je te le disais bien que tout pousserait quand nous aurions remercié les opportunistes.

Un curé de village semonce un de ses paroissiens :

— Théodule, ton plus grand ennemi, c'est l'eau-de-vie.

— Ah! monsieur le curé, je vous y prends; vous dites toujours en chaire que l'on doit aimer ses ennemis.

— Oui, mais je ne dis pas de les avaler.

* *

Pris sur le vif, à la manille :

Quatre joueurs : chaque joueur a huit cartes.

— Combien as-tu de trèfles?

— Trois.

— Combien de cœurs?

— Deux.

— Combien de carreaux?

— Trois.

— Tu n'as pas de pique?

— Non.

— Eh bien! alors, cache ton jeu.

NOVEMBRE

Les jours décroissent de 1 heure 18 minutes.

Entrée dans les signes du Zodiaque : LE SAGITTAIRE, le 21.

JOURS		Lever et Coucher DU SOLEIL A PARIS		FÊTES, SAINTS ET PATRONS
du mois	de la semaine	lever	coucher	
		H. M.	H. M.	
1	M.	6 48	4 39	*Toussaint.*
2	J.	6 50	4 37	Commémoration des Morts.
3	V.	6 51	4 36	S. Hubert; s^te Sylvie.
4	S.	6 53	4 34	S. Charles Borromée.
5	D.	6 55	4 32	S. Zacharie; s^te Elisabeth.
6	L.	6 56	4 31	S. Léonard.
7	M.	6 58	4 29	S.Florent; s^te Emma.
8	M.	6 59	4 28	S. Godefroy; fête des Saintes-Reliques.
9	J.	7 1	4 26	S. Théodore; s^te Eustolie.
10	V.	7 2	4 25	S. Modeste; s^te Florence.
11	S.	7 4	4 24	S. Martin; s^te Clémence.
12	D.	7 6	4 22	Dédicace des églises. — S. Théodule; s^te Gertrude.
13	L.	7 7	4 21	S. Brice; s^te Ennate.
14	M.	7 9	4 20	S. Sance.
15	M.	7 10	4 19	S. Léopold; **s.** Eugène.
16	J.	7 12	4 17	S. Edme; s^te Edmée.
17	V.	7 14	4 16	S. Agnan; s^te Victoire.
18	S.	7 15	4 15	S. Odon; s^te Aude.
19	D.	7 17	4 14	S. Félicien; s^te Elisabeth de Hongrie.
20	L.	7 18	4 13	S. Edmond; s^te Dinah.
21	M.	7 20	4 12	Présentation de la Vierge. — S. Colomban.
22	M.	7 21	4 11	S. Pragmace; s^te Cécile.
23	J.	7 23	4 10	S. Philémon; s. Félicien.
24	V.	7 24	4 9	S. Jean de la Croix; s^te Firmine.
25	S.	7 26	4 8	S. Moyse; s^te Catherine.
26	D.	7 27	4 8	S. Conrad; s. Séverin; s^te Delphne.
27	L.	7 28	4 7	S. Virgile; s^te Marguerite de Savoie.
28	M.	7 30	4 6	S. Etienne le Jeune; s^te Nieufiette.
29	M.	7 31	4 5	S. Saturnin; s^te Rosade.
30	J.	7 32	4 5	S. André.

PHASES DE LA LUNE

N. L. le 8, à 1 h. 6 soir.   P. L. le 23, à 6 h. 18 soir.
P. Q. le 16, à 5 h. 54 soir.   D. Q. le 30, à 9 h. 17 matin.

DÉCEMBRE

Les jours décroissent de 29 minutes.

Entrée dans les signes du Zodiaque : LE CAPRICORNE, le 20.

JOURS		Lever et Coucher DU SOLEIL A PARIS		FÊTES, SAINTS ET PATRONS
du mois	de la semaine	lever.	coucher	
		H. M.	H. M.	
1	V.	7 34	4 4	S. Éloi.
2	S.	7 35	4 4	S. Sylvain; ste Pauline.
3	D.	7 36	4 3	*Avent.* — S. François-Xavier; ste Hilaire.
4	L.	7 38	4 3	Ste Barbe.
5	M.	7 39	4 2	S. Crispin; ste Crispine.
6	M.	7 40	4 2	S. Nicolas le Grand; ste Denise.
7	J.	7 41	4 2	S. Ambroise; ste Fare.
8	V.	7 42	4 2	Immaculée-Conception. — S. Macaire; ste Bibiane.
9	S.	7 43	4 2	S. Bastien; ste Léocadie.
10	D.	7 44	4 1	S. Adolphe; ste Eulalie de Mérida.
11	L.	7 45	4 1	S. Edgard; ste Valérie de Limoges
12	M.	1 46	4 1	S. Valéry; ste Maxence.
13	M.	7 47	4 1	S. Auber; ste Lucie.
14	J.	7 48	4 1	S. Arsène; ste Olide.
15	V.	7 49	4 2	S. Mesmin; ste Chrétienne.
16	S.	7 50	4 2	S. Eusèbe; ste Adélaïde.
17	D.	7 50	4 2	S. Florian; ste Albine.
18	L.	7 51	4 2	S. Gatien; ste Olympiade.
19	M.	7 52	4 3	S. Alfred; ste Julie della Rena.
20	M.	7 52	4 3	*Quatre-Temps.*
21	J.	7 53	4 4	S. Christien; s. Angéline.
22	V.	7 53	4 4	*Quatre-Temps.* — Ste Victoire.
23	S.	7 54	4 5	S. Delphin; ste Emilienne.
24	D.	7 54	4 5	*Quatre-Temps.* — S. Sénoch.
25	L.	7 55	4 6	*Noël.* — S. Gaston; ste Tarsille.
26	M.	7 55	4 6	S. Etienne; ste Anastasie.
27	M.	7 55	4 7	S. Jean l'Evangéliste; ste Fiviole.
28	J.	7 55	4 8	Les saints Innocents. — Ste Christine de France.
29	V.	7 56	4 9	S. Achille; ste Eléonore.
30	S.	7 56	4 10	S. Raoul; ste Colombe.
31	D.	7 56	4 11	S. Sylvestre; ste Mélanie.

PHASES DE LA LUNE

N. L. le 8, à 7 h. 50 matin. | P. L. le 23, à 4 h. 46 matin,
P. Q. le 16, à 10 h. 31 matin, | D. Q. le 29, à 11 h. 27 soir.

NOVEMBRE

MOIS DES FRIMAS

DÉCEMBRE

MOIS DES FRIMAS

— La cote! la cote! Mon cheval à cent contre un!

Voici venir le gai Noël!

Le Dr Chavanne était alors président du Conseil municipal de Lyon. Un jour il se présenta à l'hôpital civil et demanda à visiter la salle... Charles.

— Vous voulez dire, sans doute, lui fit-on remarquer, la salle Saint-Charles?

— Je dis Charles, reprit le président du Conseil municipal, parce que je n'aime pas les saints.

On fit les honneurs de l'hôpital au visiteur; il parut même très satisfait de la tenue de la maison; puis, au moment où il allait s'éloigner, la personne qui l'avait piloté lui dit:

— Au revoir, monsieur Vanne.

— Pourquoi Vanne? demanda le docteur. Je m'appelle Chavanne.

— Je le sais; mais je dis Vanne parce que je n'aime pas les chats.

* *

La roue d'une voiture de la Banque de France vient de se détacher et fait renverser la voiture sur la place de la Concorde.

Un attroupement se forme autour du véhicule sur le flanc.

— Une dame à un gamin:

— Que se passe-t-il là, mon garçon?

— Madame, c'est la Banque de France qui vient d'opérer un versement.

LES SCANDALES DU PANAMA

Exposé de l'affaire du Panama.

Après avoir réussi l'entreprise du percement de l'isthme de Suez, M. de Lesseps voulut tenter le percement de l'isthme de Panama. Il s'agissait d'établir un canal de 290 kilomètres entre l'océan Atlantique et l'océan Pacifique. En 1879, un congrès d'ingénieurs déclara l'entreprise possible.

L'État de Colombie, sur le territoire duquel les travaux devaient être exécutés, traita pour une période de 12 années avec une prorogation de six années, si besoin était.

Le 13 mars 1881 fut constituée la *Compagnie universelle du canal interocéanique* au capital de 300 millions, représenté par six cent mille actions de 500 francs.

On ne tarda pas à s'apercevoir de l'insuffisance de ce capital; alors la Compagnie, conformément à ses statuts, opéra une série d'emprunts sous forme d'obligations dont voici la série :

1º Le 7 septembre 1882 : 250,000 obligations de 500 francs 5 0/0 qui ont produit 109,375,000

2º Le 3 octobre 1883 : 600,000 obligations de 500 fr. 3 0/0, qui ont produit. 171,000,000

3º Le 25 septembre 1884 : 459,762 obligations de 500 fr. 4 0/0, qui ont produit. 145,190,767

4º Le 3 août 1886 : 450,802 obligations annuelles, première série, qui ont produit. 206,460,000

5º Le 26 juillet 1887 : 258,887 obligations mensuelles, 2e série, qui ont produit. 116,460,000

Total. . . . . . Fr. 745,936,947

Voilà donc déjà **un milliard 50 millions** engloutis dans cette entreprise. Mais la confiance s'épuisait, les dernières émissions avaient été à moitié couvertes.

Les obligations à lots.

Dès 1885, M. de Lesseps avait sollicité des pouvoirs publics l'émission d'obligations à lots. Le gouvernement envoya à Panama l'ingénieur

Rousseau, qui, le 30 avril 1886, remit son rapport au ministre des Travaux publics. Le titulaire de ce portefeuille était alors M. Baïhaut, aujourd'hui compris dans les poursuites, et qu'on s'est décidé à mettre en état d'arrestation.

Ce rapport fut tenu secret, on sait aujourd'hui que ses conclusions étaient tout à fait défavorables.

Au mois de juin, la Chambre fut saisie de la question. M. de Lesseps retira sa demande, il la réitéra au mois de novembre.

Le 18 juin 1888 fut promulguée la loi autorisant la Compagnie universelle du canal interocéanique à émettre des obligations à lots jusqu'à concurrence de 600 millions de francs.

C'est pour obtenir ce résultat que les administrateurs de la Compagnie achetèrent la complaisance des membres du Parlement dont on a traduit devant les tribunaux une dizaine, alors qu'il est constant que plus de cent des représentants du pays ont trafiqué de leur vote.

Deux millions de titres furent offerts au public au taux de 360 francs, portant 15 francs d'intérêt par an et remboursables soit à 400 francs, soit par des lots.

849,249 titres seulement furent souscrits.

Une nouvelle émission fut tentée le 12 décembre 1888, elle échoua pitoyablement, cet échec marquait la ruine irrémédiable de l'entreprise.

En sept ans, **un milliard trois cent treize millions** extorqués à l'épargne française avaient été dépensés, et on évalue au quart de l'entreprise les travaux exécutés.

Le 14 décembre 1888, M. de Lesseps, définitivement acculé, demanda au tribunal civil de la Seine la nomination d'administrateurs de sa désastreuse entreprise. Le tribunal fit droit à sa demande et nomma administrateurs MM. Denormandie, Baudelot et Hue.

Dissolution de la Société.

A la suite d'une tentative restée vaine pour constituer une nouvelle société, le tribunal, par un jugement du 4 février 1889, prononça la dissolution de la Société et nomma pour liquidateur M. Brunet, ancien ministre. M. Brunet dut se retirer pour raison de santé et fut remplacé par M. Monchicourt.

Il va sans dire que les actionnaires ruinés firent retentir les journaux de leurs plaintes et s'adressèrent à la justice, mais la magistrature, instrument docile du gouvernement, fit la sourde oreille. Le gouvernement, comme nous le disons plus loin, sachant à quoi s'en tenir sur les faits monstrueux de corruption qu'on ne manquerait pas de relever à la charge de membres du gouvernement et des personnalités les plus éminentes du parti républicain, pesa de toute sa force sur la magistrature pour la maintenir dans son inertie, et il fallut les incidents parlementaires que nous exposons plus loin pour amener les effroyables révélations sous le poids desquelles se débat affolé le parti républicain.

Les responsabilités.

Il y a trois ordres de responsabilités à établir :

La responsabilité des administrateurs du Panama, qui ont gaspillé l'argent des actionnaires avec les entrepreneurs et avec les membres du Parlement dont ils ont acheté les votes.

La responsabilité des membres du Parlement qui, pour des sommes relativement modiques, variant en général de 20 à 25,000 francs, ont trafiqué de leur mandat.

La responsabilité des entrepreneurs qui ont touché des sommes énormes pour des fournitures qu'ils n'ont pas livrées et pour des travaux qu'ils n'ont pas exécutés.

Le rapport Flory.

M. l'expert Flory fut commis par le tribunal pour examiner les opérations des entrepreneurs.

Nous sommes en mesure de donner les conclusions les plus importantes de ce rapport, qui ne comprend pas moins de deux cents pages.

Tout d'abord, les entrepreneurs se contentaient de se faire payer grassement, mais, enfin, ils faisaient le travail pour lequel on les rémunérait. Notons cependant que quelques-uns, tels que la Compagnie anglo-hollandaise, pour obtenir une entreprise n'hésitaient pas à payer au baron de Reinach 5 0/0 du montant de ses factures acquittées.

Il n'entre pas dans le cadre de notre publication d'énumérer les opérations scandaleuses faites par les séries successives d'entrepreneurs avec la complicité des administrateurs. Nous nous bornerons à donner quelques indications sur la façon de procéder de M. Eiffel, actuellement traduit devant les tribunaux et qui comptait entre autres associés M. le sénateur Hébrard. Il résulte des aveux de ce dernier devant la Commission d'enquête que cette association lui a rapporté un million cinq cent mille francs, sans que lui, Hébrard, ait seulement fourni un kilo de ferraille, déblayé un mètre de terre, ou fourni un sou de capital.

L'entrepreneur Eiffel.

L'ingénieur Eiffel a effectué pour 27,817,000 francs de travaux et fourni du matériel pour 18,000,000 francs.

Son bénéfice a été de 14,331,000 francs sur les travaux et de 3,600,000 francs sur les fournitures. Total : 17,600,000 francs. C'est assez joli, mais enfin il s'agit de fournitures livrées et de travaux effectués.

Voici mieux :

M. Eiffel et ses associés ont reçu :

1º Pour la construction d'écluses *qui n'ont pas été faites*, fr. 1,200,000
2º Pour la construction de voies *qui n'ont pas été faites*. . 3,000,000
3º Pour la fourniture d'un matériel *non fourni*. 12,000,000
4º Pour monter, démonter et transporter ce matériel *non existant*. 6,000,000
5º Pour mettre en marche les chantiers d'excavation. . 1,600,000
6º Pour mettre en marche les chantiers de maçonnerie. 2,400,000
7º Pour mettre en marche les chantiers du matériel. . . 2,000,000

Total. 28,200,000

Ainsi pour ce qu'il a fait et pour ce qu'il n'a pas fait, M. Eiffel a réalisé un bénéfice net de 46,131,000 francs.

C'est donc sans qu'il soit question des faits de corruption, que comparaissent devant la première chambre de la cour d'appel de Paris, jugeant correctionnellement, les présidents et membres du Conseil d'administration de la Compagnie de Panama, MM. Ferdinand de Lesseps, Charles de Lesseps, Marius Fortane, Cottu et le constructeur Eiffel. Ils sont poursuivis sous l'inculpation d'escroquerie et d'abus de confiance.

C'est la cour d'assises qui aura à connaître du crime de corruption dont ces mêmes administrateurs se sont rendus coupables avec la complicité des anciens ministres, des sénateurs et députés qui ont voté contre réception de chèques variant de 20 à 25,000 francs, la loi autorisant l'émission des obligations à lots pendant la législation de 1888.

Le cas de M. Baïhaut.

Les poursuites intentées contre M. Baïhant, ministre à cette époque des Travaux publics, soulève une difficulté spéciale.

Si en effet on considère que c'est en qualité de ministre que M. Baïhaut tombe sous le coup d'une répression, il devrait, au terme de l'article 12 des lois constitutionnelles, être traduit devant le Sénat transformé en haute cour.

Mais l'idée de faire juger M. Baïhaut par des sénateurs tels que MM. Béral, Albert Grévy, Léon Renault, Devès, Thévenet, sans parler de ceux dont la culpabilité pourra être ultérieurement révélée, est tellement bouffonne qu'il est permis de croire qu'on ne s'y arrêtera pas sérieusement.

Le pays est déjà suffisamment irrité des efforts dans lesquels se consume le gouvernement afin d'empêcher qu'une lumière complète soit faite sur les scandales du Panama pour qu'on puisse par une audacieuse bravade faire juger des coupables par leurs complices.

Les rapines du parti républicain.

A peine les républicains eurent-ils, à la faveur de nos désastres, mis la main sur le pouvoir qu'ils donnèrent carrière à leurs instincts de rapine : il nous suffit de rappeler les scandales de l'emprunt Morgan et les fournitures de fusils sans chien et de souliers en carton où s'enrichit l'entourage de Gambetta, noyau du parti opportuniste qui nous gouverne depuis douze ans.

Les conservateurs reprirent le pouvoir et le gardèrent jusqu'en 1879. Durant cette période l'ordre fut remis dans nos finances, les budgets se soldaient avec des excédents à l'actif et l'ombre d'un soupçon n'effleura jamais la probité des membres du gouvernement.

Les républicains provoquèrent la démission du maréchal de Mac-Mahon, qui entraîna le parti conservateur dans sa chute. Après s'être donné le temp de s'affermir au pouvoir ils reprirent leurs anciens errements. Au cours de la législature de 1885, ce n'était un mystère pour personne que nombre des membres de la majorité républicaine de la Chambre *faisaient des affaires*, c'est-à-dire trafiquaient de leur mandat, et quand éclata le scandale de l'affaire Wilson qui obligea le beau-père de celui-ci à quitter l'Élysée, on savait que la Légion d'honneur était un article courant du commerce républicain.

La Chambre de 1889 et l'entreprise de Panama.

Mais il était réservé à la législature de 1889 de nous montrer à quel point de démoralisation étaient tombés les hommes qui évoluaient dans les hautes sphères gouvernementales.

On sait avec quel élan l'épargne française, encouragée par l'heureux succès obtenu à l'isthme de Suez, s'était jetée dans la hasardeuse entreprise du percement de l'isthme de Panama.

Treize cent millions y furent engloutis sans que le quart des travaux fût exécuté.

Tout d'abord, il est permis de s'étonner de l'insouciance avec laquelle les pouvoirs publics se sont désintéressés de cette affaire colossale, dans laquelle tant et de si respectables intérêts étaient engagés. Dans le monde des affaires on savait depuis longtemps que l'entreprise du percement de l'isthme de Panama était conduite avec la plus coupable imprudence, que le gaspillage inouï de l'argent des actionnaires engageait gravement la responsabilité des promoteurs de l'entreprise et on s'étonnait que de ce chef ceux-ci ne fussent pas appelés à s'en expliquer devant la justice.

Députés corrompus.

Bientôt on sut, dans le monde initié aux dessous de la politique, qu'indépendamment de la mauvaise gestion de l'affaire, il était constant que des membres du Parlement, et non des plus obscurs, s'étaient fait remettre des sommes plus ou moins importantes par les administrateurs de la Compagnie, soit pour atténuer leur hostilité, soit pour témoigner de leur bienveillance par des votes probants, quand il s'est agi de l'émission de valeurs à lots par la Compagnie.

On avait dit qu'il y avait cent Wilson à la législature de 85. On avait à cette époque crié à l'exagération. Cette fois on savait que pour le Panama le chiffre de cent était réellement dépassé.

Mais, si ces turpitudes faisaient les frais de la conversation courante dans le monde des initiés, le gros public n'en percevait que de vagues rumeurs. Les malheureuses victimes de Panama qui n'ignoraient pas que le quart tout au plus des sommes versées par elles avait été appliqué aux travaux du percement de l'isthme, savaient bien qu'elles étaient volées, mais elles ne connaissaient pas les voleurs.

Cette consolation leur fut donnée inopinément, et ce fut un véritable coup de tonnerre qui vint frapper les coupables endormis dans leur paisible impunité.

Les poursuites des administrateurs du Panama.

Les plaintes des actionnaires contre la gestion des administrateurs, croissant de jour en jour, créèrent un courant d'opinion qui rendit très difficile la situation du ministère Loubet. Il y avait dans ce ministère des membres qui, à commencer par M. Rouvier, le ministre des Finances, savaient très exactement à quoi s'en tenir sur l'état de la conscience des hautes personnalités du parti républicain. Ils comprenaient qu'il serait impossible de limiter les poursuites aux seuls administrateurs de la Compagnie, que l'enquête judiciaire arrivant au grief du gaspillage des deniers des actionnaires montrerait que de fortes sommes avaient été distribuées à des hommes occupant les avenues du pouvoir et que ces révélations aboutiraient nécessairement à un éclat dont il était impossible de mesurer les conséquences.

Ils étaient donc opposés aux poursuites, assurés de la docilité d'un procureur général qui, devant la haute cour, leur avait donné tous les gages imaginables. Ils firent dire par leur presse officieuse que le parquet ne trouvait pas dans l'affaire les éléments d'une poursuite. Cependant le ministre de la Justice, M. Ricard, sachant qu'on voulait se débarrasser de lui et pensant se tailler une popularité dont il recueillerait les fruits aux prochaines élections, prit sur lui d'ordonner au procureur général de commencer des poursuites et mit ses collègues en présence du fait accompli. Ceux-ci firent à mauvaise fortune bon cœur et les poursuites résolues furent présentées comme le résultat de la plus parfaite entente entre les membres du cabinet.

L'interpellation Delahaye.

Sur ces entrefaites, le journal *La Cocarde*, dans son numéro du vendredi 18 novembre, annonça que M. Delahaye, député d'Indre-et-Loire, se proposait d'interpeller le gouvernement sur l'affaire du Panama et qu'à la suite de cette interpellation, M. Floquet, président de la Chambre des députés, se verrait obligé de se justifier d'avoir, étant ministre au mois de décembre 1888, au plus fort de la campagne boulangiste, alimenté la caisse des fonds secrets du ministère de l'Intérieur avec une somme de trois cent mille francs, donnée plus ou moins volontairement par les administrateurs de la Compagnie de Panama.

M. DELAHAYE.

M. Floquet nie.

Le lendemain, M. Floquet, devançant l'interpellation annoncée, eu l'audace de nier purement et simplement. Le mot d'audace n'est pas trop fort, quand on songe qu'à un mois de là, M. Floquet, pressé dans ses derniers retranchements, faisait devant la Commission d'enquête des aveux dont il était le seul à ne pas comprendre la gravité.

Voici les paroles prononcées par M. Floquet dans la séance du 19 novembre :

— J'affirme devant la Chambre que, dans les circonstances dont on a parlé, non seulement je n'ai exercé aucune pression sur qui que ce soit, non seulement je n'ai rien exigé, mais je n'ai rien demandé, je n'ai rien reçu, je n'ai rien distribué. (Vifs applaudissements sur tous les bancs.)

« Le gouvernement que j'ai eu l'honneur de présider a été loyal et probe. (Très bien! très bien!) L'administration qui m'a été particulière, celle du

M. FLOQUET.
Président de la Chambre des Députés.
ancien ministre de l'Intérieur.

ministère de l'Intérieur et de la Sûreté générale, a la conscience nette et les mains propres. (Vifs applaudissements.)

« Je n'aurais jamais eu l'audace d'accepter et de garder l'honneur de présider cette assemblée, si sur mon passé ministériel pouvait planer le souvenir, je ne dis pas même d'un acte coupable, mais d'un acte seulement équivoque. » (Applaudissements répétés sur tous les bancs.)

N'anticipons pas sur les événements, nous retrouverons M. le président de la Chambre des députés devant la Commission d'enquête, et si la justice n'est pas un vain mot, ce sera pas sa dernière étape.

Dans la même séance, M. Ricard, qui sans doute effrayé de son ouvrage, commençait à perdre la tête, refusa d'abord, puis accepta de répondre aux interpellations dont on le menaçait.

La mort du baron de Reinach.

Mais la pièce est à peine commencée qu'elle tourne au drame le plus noir.

Le matin du dimanche 20 novembre, on trouva mort chez lui le baron de Reinach, qui, la veille, courait Paris en compagnie de MM. Rouvier et Clémenceau.

M. de Reinach était un financier bien connu, oncle et beau-père du directeur de la *République française*. Il avait été très mêlé aux affaires du Panama. On savait que c'était par son intermédiaire que les députés dont on se disait les noms à l'oreille, avaient touché des sommes d'importance diverse, provenant des caisses du Panama.

LE BARON DE REINACH.

« Il possédait, dit le *Figaro*, un volumineux dossier et avait, dit-on, pris la précaution de détruire tous les papiers qui pouvaient compromettre les personnes avec lesquelles il avait traité. Or, il s'aperçut tout d'un coup que si les lettres étaient prudemment détruites, le copie-lettres lui avait été dérobé. Il s'en inquiéta, s'en irrita, s'épouvanta outre mesure des conséquences dans lesquelles de pareilles divulgations produites dans le public entraîneraient ses amis d'autrefois. »

Le baron de Reinach était compris dans les poursuites intentées contre les administrateurs du Panama.

La famille attribua cette mort à une attaque d'apoplexie. L'opinion générale pencha pour un suicide, on admit même la possibilité d'un crime.

Nous aurons à revenir et sur cet événement et sur le rôle considérable joué dans toute cette affaire par le baron de Reinach.

C'est le 21 que vint à la Chambre l'interpellation de M. Delahaye.

Les poursuites contre les administrateurs de la Compagnie de Panama.

Le matin même des assignations par-devant la Cour d'appel — à raison de la dignité de grand-croix de la Légion d'honneur dont un des inculpés, M. Ferdinand de Lesseps, est revêtu — avaient été lancées contre MM. Ferdinand de Lesseps, Charles de Lesseps, Marius Fontane, Henri Cottu, administrateurs de la Compagnie de Panama, et contre l'ingénieur Eiffel.

L'interpellation de M. Delahaye fut un réquisitoire formidable contre un certain nombre de députés, à la charge desquels, sans vouloir les nommer, l'orateur allégua les faits les plus précis.

Il faut renoncer à peindre la fureur avec laquelle les membres de la majorité républicaine accueillirent les révélations de M. Delahaye. L'obstination si habile avec laquelle celui-ci se refusa à citer des noms leur donna une confiance imprudente et ce fut évidemment ce qui les décida à voter la commission d'enquête réclamée par le député d'Indre-et-Loire : ils croyaient la vérité ensevelie dans le cercueil du baron de Reinach.

La Commission d'enquête.

D'abord opposé à la nomination d'une Commission d'enquête, le Gouvernement finit par s'y résigner. Quand la Chambre, dans la séance du 22 novembre, procéda à la nomination des commissaires, on vit au premier tour du scrutin son intention de faire à la droite une part dérisoire. M. de Villebois-Mareuil, au nom de ses collègues de la droite, déclara que celle-ci se désintéressait de la nomination de la Commission d'enquête. Des membres de la gauche, déjà élus, comprenant l'effet désastreux sur l'opinion publique d'une apparence de lessive faite en famille, joignirent leurs protestations et leurs démissions à celles de M. de Villebois-Mareuil et au second tour de scrutin, une répartition plus équitable ayant été opérée, la Commission se trouva composée comme il suit :

Clausel de Coussergues.	Bovier-Lapierre.	Pelletan.
Bertrand.	Labussière.	De Ramel.
De La Batut.	Terrier.	Taudière.
Guyesse.	Journard.	Bigot.
Henri Brisson.	Gerville-Réache.	Grousset.
Dumay.	Barthou.	De Villebois-Mareuil.
Bory.	Delcassé.	D'Aillières.
Leydet.	Mathé.	Gamard.
Dupuis-Dutemps.	Maujean.	Jolibois.
Sarrien.	Deluns-Montaud.	Déroulède.
Berard.	Lavertujon.	Loreau.

La proposition Pourquery de Boisserin.

Dans cette même séance, M. Pourquery de Boisserin présenta une proposition ainsi conçue :

ARTICLE PREMIER. — Tous les pouvoirs résultant du Code d'instruction criminelle pour la constatation des faits criminels ou délictueux sont attribués aux commissions d'enquête nommées par l'une ou l'autre Chambre.

ART. 2. — La Commission pourra les déléguer à un ou plusieurs de ses membres.

Nous verrons plus tard ce qu'il advint de cette proposition.

Les révélations de la presse.

Cependant, les journaux républicains qui, comme la *Libre Parole* et la *Cocarde,* avaient ouvert cette campagne contre les membres de la majorité républicaine compromis dans l'affaire du Panama n'hésitaient pas à préciser leurs accusations et chaque jour révélaient des noms nouveaux.

M. Hébrard.

C'était M. Hébrard, sénateur de la Haute-Garonne et directeur du *Temps,* qui, accusé par la *Libre Parole* d'avoir touché 1,500,000 francs, envoyait à l'*Express du Midi* de Toulouse une dépêche ainsi conçue :

J'ai participé ouvertement à des entreprises de travaux à Panama, comme j'ai participé depuis vingt-cinq ans, sans interruption, à des entreprises de travaux publics. Je m'expliquerai sur ce sujet à l'heure convenable avec mes électeurs et avec mes collègues.

Mais je leur garantis, dès à présent, que ma conduite défie toutes les accusations.

HÉBRARD.

M. Hébrard oubliait de dire qu'il était, pour les travaux de Panama, l'associé de l'ingénieur Eiffel, impliqué dans les poursuites ; on verra d'ailleurs à quoi se réduisirent ses explications devant la Commission d'enquête.

M. de Freycinet.

C'était le tour de M. de Freycinet, mis en cause par la *Libre Parole* dans les termes suivants :

M. de Freycinet a, lui aussi, frappé à la caisse du Panama. En ce temps, le Polonais Jeziersky rédigeait pour le compte de M. de Freycinet un journal illisible, appelé le *Télégraphe.* Comme ceux de Floquet, le journal freycinétiste avait soif. Le Panama fut chargé de le désaltérer ; une jolie mensualité vint rafraîchir le gosier du Polonais.

Ce n'est pas tout : alléché par ce premier succès, M. de Freycinet eut le front d'extorquer 200,000 francs à l'infortuné de Lesseps. Nous précisons : les 200,000 francs furent payés, en deux fois, par M. Fontane.

Les deux frères Herbette connaissent bien cette aventure, et aussi certaines histoires de Suez qui ont grossi singulièrement les économies de M. de Freycinet.

Après Floquet, Freycinet. A demain un autre.

M. de Freycinet répond par cette note communiquée à l'*Agence Havas :*

Un journal du matin prétend que M. de Freycinet « a frappé à la caisse du Panama », en faisant verser au *Télégraphe* des mensualités et une somme de 200,000 francs. M. de Freycinet donne à cette assertion un démenti formel. En aucune circonstance, il n'est intervenu auprès de la Compagnie de Panama pour lui demander une somme quelconque, dans un but quelconque.

Ce sera la réponse commode de M. le ministre de la Guerre aux accusations les plus précises dont il est l'objet jusqu'au jour où, en prenant encore plus à son aise, il se décidera à répondre... qu'il ne répondra plus.

M. Henry Maret.

M. Henry Maret, député, qui tout d'abord dans son journal *Le Radical* avait déploré que ce scandale si fâcheux pour les institutions républicaines ne fût pas étouffé, est pris à son tour.

La *Libre Parole* l'a accusé d'avoir reçu de l'argent provenant de la caisse du Panama.

Il répond en ces termes au rédacteur en chef de la *Libre Parole :*

Monsieur le Rédacteur en chef,

Je ne saurais, étant partisan de la liberté absolue de la presse, que je n'ai cessé de soutenir et de défendre, renoncer aux convictions de toute ma vie en poursuivant devant les tribunaux l'auteur des calomnies dirigées contre moi par la *Libre Parole.*

Je me contente d'y opposer le démenti le plus formel, et j'espère que vous voudrez bien faire connaître à vos lecteurs ma réponse à vos assertions.

Agréez, Monsieur, mes salutations distinguées.

HENRY MARET, député.

On a trouvé que M. Henry Maret, se contentant « d'opposer un démenti formel », se contentait à bon marché.

M. Sans-Leroy.

Sur M. Sans-Leroy, la *Libre Parole* donne les renseignements suivants :

M. Sans-Leroy, ancien député opportuniste de l'Ariège, est le héros d'une histoire que narrait, sans le nommer, un journal trop discret. C'est ce député, client et ami de Jacques Meyer, qui vendit son vote pour 200,000 francs et déplaça ainsi la majorité dans la commission du Panama.

M. Sans-Leroy, qui avait ses raisons pour cela, imita de Conrart le silence prudent. Nous le retrouverons bientôt à Mazas.

M. Antonin Proust.

C'est encore la *Libre Parole* qui avait désigné M. Antonin Proust, député, parmi les membres du Parlement qui avaient trafiqué de leur vote.

M. Antonin Proust, comme les autres, joua l'indignation, et l'*Agence Havas* communique aux journaux les deux lettres suivantes écrites par ce législateur :

A M. le président de la Chambre des députés.

Monsieur le Président,
Je vous prie de vouloir bien donner connaissance à la Chambre de la lettre que j'adresse à M. le président de la Commission d'enquête parlementaire qui a été nommés hier.
Veuillez agréer, Monsieur le Président, l'assurance de ma haute considération.

Antonin Proust.

M. Antonin Proust.
Député.

A M. le président de la Commission d'enquête parlementaire.

Monsieur le Président,
Un journal, dont je vous fais tenir le numéro, publie ce matin contre moi une accusation qui constitue une calomnie infâme. Pour mon honneur, pour l'honneur du Parlement, je vous prie de vouloir bien ouvrir une enquête immédiate sur cette accusation, d'entendre mes accusateurs et de m'entendre.
Veuillez agréer, Monsieur le Président, l'assurance de ma haute considération.

Antonin Proust.

A quelques jours de là M. Antonin Proust, avec une impudence qui ne trouve d'excuse que dans l'affolement du coupable, adressa la lettre suivante au directeur de la *Libre Parole :*

Paris, le 30 novembre 1892.

Monsieur,
Vous avez produit contre moi une accusation dont vous êtes tenu de fournir la preuve.
Cette preuve, vous ne l'avez pas fournie, mais vous vous livrez aujourd'hui à une digression sur les syndicats de garantie, en me demandant une réponse.
Je n'ai, Monsieur, aucun colloque à engager avec vous avant que vous ayez fourni la preuve que vous me devez.
Recevez, Monsieur, etc.

Antonin Proust.

En réponse à cette lettre, la *Libre Parole* publia, **en fac-similé,** la lettre suivante adressée par le baron de Reinach à M. Antonin Proust :

31. 7. 86.

M. Proust, député, Paris.

Mon cher ami,

M. de Lesseps m'a remis un titre de participation de 1,000 obligations Panama en mon nom. Cette cession m'a été faite avec l'obligation de vous la rétrocéder, ce que je fais par la présente avec plaisir.

Tout à vous,

J. DE REINACH.

Dans ces conditions, il est permis de dire que l'honorable député des Deux-Sèvres était pris la main dans le sac. Toutefois il ne se tint pas pour battu, et ne pouvant plus nier, il essaya de s'échapper par la tangente ; il écrivit la lettre suivante :

Paris, le 1er décembre 1892.

Monsieur le directeur,

J'ai mis ce matin M. Drumont en demeure de me fournir la preuve de son accusation.

M. Drumont se dérobe.

Il publie une lettre que le baron de Reinach m'aurait adressée en juillet 1886.

Le système des participations aux émissions d'obligations, le droit que l'on a d'y prendre part, sont des sujets sur lesquels je suis prêt à m'expliquer avec M. Drumont.

Mais avant tout il me doit la preuve de l'accusation qu'il a dirigée contre moi.

Croyez, monsieur le directeur, à mes meilleurs sentiments.

ANTONIN PROUST.

Enfin, dans une dernière lettre, cet intarissable épistolier exposa cette plaisante théorie : il n'y a pas d'incompatibilité légale entre les fonctions législatives et les spéculations financières.

Il oubliait que le fait de toucher de l'argent d'une compagnie industrielle en même temps qu'on vote une loi réclamée par les administrateurs de cette compagnie, c'est plus qu'une fâcheuse coïncidence.

Ce qui donne d'ailleurs leur valeur exacte à ces « démentis formels » opposés par les accusés, c'est que peu de temps après M. Antonin Proust était compromis dans les poursuites exercées contre cinq membres de la Chambre impliqués dans l'affaire de Panama.

Encore M. Floquet.

Cependant, la *Cocarde* renouvelle chaque jour ses accusations contre M. le Président de la Chambre des députés et le met au défi de lui intenter un procès en Cour d'assises, juridiction devant laquelle ce journal se fait fort d'apporter la preuve des faits allégués. M. Floquet n'a garde de se rendre à cette invitation, Il réservait, comme nous le verrons, ses aveux pour la Commission d'enquête.

M. le sénateur Béral.

M. Béral, sénateur du Lot, est accusé par la *Libre Parole* d'être mêlé aux affaires de Panama.

Aussitôt il écrit au président de la Chambre pour lui demander de le faire comparaître le plus tôt possible devant la Commission d'enquête.

Hélas! cette noble attitude ne devait pas sauver le pauvre M. Béral : peu après, le sénateur du Lot était appelé à s'expliquer devant une juridiction moins platonique que la Commission d'enquête ; il était, lui aussi, impliqué dans les poursuites intentées contre cinq membres du Sénat.

M. BRISSON,
Président de la Commission d'enquête.

A la Commission d'enquête.

Dans sa première séance tenue le 25 novembre sous la présidence de M. Brisson, la Commission émit le double vœu que le gouvernement fît rechercher si le baron de Reinach était mort naturellement ou s'était suicidé, et que toutes les mesures fussent prises pour la saisie et la conservation des papiers laissés par lui.

La déposition Delahaye.

Dans cette même séance on entendit M. Delahaye, l'auteur de la fameuse interpellation. M. Delahaye donna lecture d'une longue note rédigée avec une précision merveilleuse. Dans cette note, M. Delahaye indiquait la méthode à suivre pour arriver à la découverte de la vérité, il désignait les témoins capables d'éclairer la Commission, il révélait l'existence des fameux chèques avec lesquels on avait rémunéré les complaisances parlementaires et il indiquait les personnes qui détenaient les talons de ces chèques, talons sur lesquels étaient inscrits les noms des bénéficiaires. Enfin il conseillait de scruter le rôle joué dans toute cette affaire par le fameux Cornélius Herz.

La déposition Prinet.

Le même jour, on entendit M. Prinet, le juge commis à l'instruction de l'affaire de Panama. Nous citons, d'après le compte rendu, un extrait de son importante déposition :

— J'ai eu entre les mains une liste de personnes ayant reçu des sommes au nom de la Compagnie; cette liste, établie d'après des pièces comptables (régies, chèques, bons de caisse) par l'expert Flory et par le liquidateur de la Compagnie, M. Monchicourt, comprend près de six cents noms, **parmi lesquels des noms de membres du Parlement** qui appartiennent à la presse et qui sont ainsi désignés comme journalistes.

M. Henri Brisson. — En dehors de cette catégorie de membres du Parlement, y a-t-il d'autres noms de députés et de sénateurs?

M. Prinet. — **Je ne puis vous le dire. Vous le verrez dans le dossier; il y a un document qui porte des noms.**

M. de Ramel. — Dites seulement s'il y en a.

M. Prinet. — Je vous demande à nouveau de ne pas répondre.

Chute du ministère Loubet.

Mais les heures du ministère Loubet étaient comptées : il s'effondra en cette journée du 28 novembre.

Le ministre de la Justice, d'accord avec ses collègues, avait d'abord consenti à l'autopsie du baron de Reinach, puis il s'était ravisé. A la séance de la Chambre, M. Brisson, le président de la Commission, mit le ministère en demeure d'ordonner l'autopsie. Successivement M. Ricard et M. Loubet opposèrent un refus formel. M. Brisson présenta un ordre du jour ainsi conçu : « La Chambre, s'associant au désir exprimé par sa Commission, passe à l'ordre du jour. »

Le président du conseil réclama l'ordre du jour pur et simple.

Cet ordre du jour fut repoussé par 293 voix contre 195, celui de M. Brisson obtint 393 voix contre trois.

Le ministère Ribot.

Dans les hautes régions gouvernementales, on ne voulait pas que la vive lumière du soleil éclairât les infamies du Panama, on préférait s'en tenir à un pâle clair de lune.

C'est pourquoi, avec les simagrées ordinaires, M. Carnot ayant fait appeler tour à tour divers personnages qui furent ou se dirent impuissants à former un ministère, finit par confier cette mission à M. Ribot. Celui-ci se borna à débarquer deux ministres, M. Ricard et M. Jules Roche, et le ministère se trouva ainsi composé :

MM. Ribot, président du conseil, *Affaires étrangères.*
Bourgeois, *Justice.*
Loubet, *Intérieur et cultes.*
De Freycinet, *Guerre.*
Burdeau, *Marine.*
Rouvier, *Finances.*
Siegfried, *Commerce, Postes et Télégraphes.*

Charles Dupuy, *Instruction publique*.
Develle, *Agriculture*.
Viette, *Travaux publics*.
Jamais, *sous-secrétaire d'État aux Colonies*.

En reprenant, sauf deux membres, un ministère qui venait de tomber sous un vote de réprobation presque unanime, le chef de l'État montrait, outre une étrange façon de comprendre et de pratiquer le régime parlementaire, une volonté bien arrêtée de dérober à la légitime curiosité du pays le plus possible des honteux mystères du Panama.

A la Commission d'enquête.

Pendant qu'on échafaudait à l'Élysée diverses combinaisons ministérielles, qui devaient aboutir au plus que ridicule replâtrage qu'on vient de voir, la Commission d'enquête poursuivait ses travaux.

Conflit avec la justice.

Elle se heurta tout d'abord à la mauvaise volonté de la magistrature. C'était le premier président, Périvier, qui, dans une lettre adressée aux journaux, blâmait M. le juge d'instruction Prinet d'avoir consenti à comparaître devant la Commission d'enquête. C'était le procureur général, M. Quesnay de Beaurepaire, qui refusait la communication du dossier judiciaire à la Commission d'enquête.

L'opinion publique jugeait sévèrement cette attitude de la magistrature épurée. « Quoi, disait-on, la justice est restée sourde et aveugle tandis qu'on dépouillait de leurs économies si péniblement amassées tant de pauvres gens, et voici maintenant qu'elle prétend empêcher qu'on fasse la lumière qu'elle n'a pas voulu faire ! » Nous verrons bientôt comment ce conflit fut tranché.

Le 29 novembre, la Commission entendait MM. Kohn, de la maison de banque Reinach Kohn et Cⁱᵉ, Propper, ancien fondé de pouvoirs de cette maison, qui en dirent le moins qu'ils purent. Nous mentionnons ces témoins pour appeler dès maintenant l'attention de nos lecteurs sur un point sur lequel nous reviendrons : le rôle joué par les étrangers, par les Allemands, dans le désastre du Panama.

Vingt-six chèques retrouvés.

Dans la séance du lendemain, l'enquête fait un pas décisif : M. Thierrée, banquier, déclare avoir en sa possession vingt-six chèques faisant ensemble 3,390,000 francs, correspondant à pareille somme que lui a versée en un chèque unique le baron de Reinach.

M. Thierrée refuse de communiquer les chèques et de révéler le nom des porteurs, mais il promet de conserver les chèques, qu'il sera loisible aux autorités compétentes de saisir chez lui.

Le procureur général, sous de frivoles prétextes de procédure, refuse de faire saisir les chèques. Il condescend à donner le conseil de procéder à la saisie par voie administrative. C'est ce qu'on fait et la Commission, dans sa séance du samedi 3 novembre, est mise en possession des fameux chèques.

Voici la liste des bénéficiaires.

50,000 Davoust, 15, place Vendôme, du Crédit Mobilier.
100,000 ⎫
100,000 ⎪
100,000 ⎬ Chevillard, 53, rue de Châteaudun.
100,000 ⎪
150,000 ⎭
40,000 Fabre, 4, rue de la Bourse, au crédit de Kohn et Reinach.
1 million ⎫ Cornélius Hertz, par Rothschild.
1 million ⎭
195,000 ⎫ Chabert, 2, rue de Lisbonne.
140,475 ⎭
80,000 Quatre-Septembre (illisible).
40,000 Kohn-Reinach.
20,000 Crédit mobilier.
20,000 Aigoin.
20,000 Castelbon, rue des Acacias.
25,000 Hélouis, rue Chauchat.
20,000 Buster, rue Saint-Georges (Niort).
20,000 Praslon, rue des Mathurins.
20,000 Orsatti, rue Pigalle.
20,000 Paul Schmitt, 78, rue d'Anjou.
40,000 Auverge, 74, Chaussée-d'Antin.
25,000 Siméon, chez Jeanin, agent de change.
20.000 Albert Grévy, sénateur.
20,000 ⎫ Léon Renault, sénateur.
5,000 ⎭

Mais un coin seulement du voile est soulevé; les noms qui figurent ici sont ceux d'hommes de paille, derrière lesquels se dissimulent les véritables toucheurs, nous ne disons pas cela, bien entendu, pour M. le sénateur Léon Renault, ni pour M. A. Grévy, qui ont dédaigné de si vulgaires précautions et que nous verrons à leur tour compris dans les poursuites au milieu de la fournée sénatoriale. Mais Davoust, — mort d'ailleurs, coïncidence bizarre, le même jour que le baron de Reinach — était garçon de bureau au Crédit mobilier : les autres n'offrent guère plus de surface. Tout le monde a compris que ce ne sont que des prête-noms. C'est ce qui sera démontré quand, triomphant des résistances de M. Thierrée, la Commission mettra la main sur les talons des chèques.

Mais continuons à noter au jour le jour les diverses péripéties de cette scandaleuse affaire.

Le sénateur Hébrard.

Le sénateur Hébrard, directeur du *Temps*, comparaît le 5 décembre devant la Commission.

Après avoir déclaré qu'il était l'associé de l'ingénieur Eiffel, l'un des entrepreneurs des travaux du Panama, il fournit les explications suivantes :

Après avoir obtenu de M. Eiffel une participation pour laquelle il aurait versé sa quote-part, s'il y avait eu lieu, ce dernier lui avait demandé de transformer cette participation en une commission de 5 pour 100 portant seulement sur les fournitures métalliques, c'est-à-dire à peu près 2 1/2 pour 100 sur l'ensemble de l'affaire.

L'étendue du contrat général de M. Eiffel a porté cette commission à un chiffre considérable, 1,500,000 ou 1,600,000 francs ; mais elle laissait à M. Eiffel la direction exclusive et toutes les responsabilités.

Un membre de la Commission d'enquête s'étonne de l'énormité du chiffre et demande le motif de cette commission. « Elle était, répond M. Hébrard, le rachat d'une première participation effective que M. Eiffel voulant rester maître chez lui, a préféré transformer en commission fixe : *je n'ai donc fait aucune fourniture, aucuns travaux à Panama.* »

« — Alors, lui demande-t-on, vous aviez fourni des capitaux ?

« — Non, puisque ma participation a été transformée en commission.

« — Qu'auriez-vous eu à verser si la participation avait été maintenue ?

« — Elle aurait sans doute été de 500,000 francs.

« — Alors, comment expliquez-vous une commission de 1,500,000 fr. (un million et demi !)

Là-dessus le bon sénateur répond avec désinvolture :

« — Nous pouvions régler nos conditions comme il nous plaisait. »

Ainsi, voilà un gaillard qui, de son aveu, n'a fait aucune fourniture, ni aucun travail pour le Panama, qui n'a pas fourni un sou de capital et qui touche un million et demi sur le pauvre argent versé par les actionnaires, et il fait cette belle réponse qui revient à dire que c'est une petite affaire qui ne regarde que lui et M. Eiffel.

Il est permis de croire que si la Commission avait été investie des pouvoirs que réclamait pour elle M. Pourquery de Boisserin, M. le sénateur Hébrard eût pris la peine de donner une explication plausible de la munificence de M. Eiffel.

Depuis, on a dit que cet ingénieur, si magnifique avec les sénateurs journalistes, avait retiré neuf millions de la Banque de France, la précaution pouvait n'être pas inutile.

M. Albert Grévy.

Dans cette même séance, M. Albert Grévy, sénateur, bénéficiaire d'un chèque de 20,000 francs à son propre nom, allégua que c'était des honoraires que lui avait alloués M. de Reinach, et qu'on ne pouvait soupçonner de vénalité un homme qui avait l'honneur d'être le frère de feu Grévy et l'oncle de M. Wilson.

Nous retrouverons dans la fatale charrette cet ancien gouverneur général de l'Algérie qui trouvait tout naturel qu'un client lui payât ses honoraires avec l'argent des actionnaires du Panama.

Le conseil de l'ordre des avocats s'est occupé de son cas et de celui de son confrère et collègue Léon Renault, nous ignorons la décision prise à l'égard de ces deux personnages.

M. ALBERT GRÉVY,
Sénateur.

M. Dugué de la Fauconnerie, député.

A ce moment, M. Dugué de la Fauconnerie, une des recrues dont le parti républicain était le plus fier à bon droit, sentant venir la pluie, se jette à l'eau sans barguigner et, avant qu'on parle de lui, il nous révèle que, lui aussi, il a touché la bagatelle de 25,000 francs, qu'on trouvera en chèque au nom de M. Jeannin qui le concerne, lui, Dugué. Il ajoute qu'à la vérité il a, postérieurement à cette aubaine, voté en faveur de l'émission des obligations à lots, mais que dans un petit journal qu'il rédige pour lui et pour quelques amis choisis, intitulé, dit-il, le *Bonhomme Percheron*, il a plutôt dissuadé cette élite de lecteurs de prendre des obligations.

Alors, bonhomme percheron, pourquoi avoir donné votre vote à une affaire à laquelle vous refusez votre confiance?

Le 7 décembre, devant la Commission, ledit Percheron a le toupet de parler des risques que lui faisait courir cette participation. L'expert Monchicourt nous a rassuré sur les risques courus par ceux que le pays appelle couramment *les chéquards* : ils courent un risque de 2 fr. 50 par tête s'ils avaient versé, **mais ils n'ont point versé.**

Le bonhomme percheron ne saurait donc nous attendrir, lui aussi est destiné à la fatale charrette.

M. Sans-Leroy, ancien député.

M. Rondeleux, qui fut membre de la Commission appelée à statuer sur l'émission des obligations à lots, raconte avec quel cynisme le député Sans-Leroy, du jour au lendemain, change sinon son opinion du moins son vote, alléguant qu'il obéissait aux injonctions de ses électeurs.

A l'heure qu'il est, M. Sans-Leroy est à Mazas.

M. Barbe, ancien ministre de l'Agriculture.

Celui-là est mort, heureusement pour lui.

Il n'a pas touché moins de 550,000 francs.

Il avait pour prête-nom un brave homme, l'ex-commandant Chevillard à qui il donnait 250 francs par mois et qu'il tenait à sa merci, parce que le pauvre homme en faisant un recouvrement avait eu le malheur de perdre une petite somme. M. Chevillard touchait aux guichets, suivi de M. Barbe qui, selon l'expression, lui emboîtait le pas et enfouissait les billets de banque dans ses poches.

La communication du dossier.

Après s'être fait beaucoup prier, MM. Ribot et Bourgeois finissent par promettre à la Commission la communication intégrale du dossier judiciaire.

M. Oberndoffer.

Le 10 décembre, la Commission entend le banquier Oberndoffer. Celui-là, qui a touché trois millions évidemment employés à rémunérer des services législatifs, répond insolemment à la Commission qu'il a fait de ses trois millions l'usage qui lui a convenu.

Il est encore permis de croire que si la proposition Pourquery de Boisserin avait été adoptée, ce financier exotique eût été plus explicite et moins fier.

Une plaisanterie.

Dans la séance de ce même jour, M. Chantagrel, ancien député, nomme une personne qui lui a offert trois cent mille francs contre son vote. Deux députés, MM. Guyot-Dessaigne et Duchasseint, attestent que M. Chantagrel leur a en son temps raconté cette piquante anecdote.

Le sieur Souligou, cité devant la Commission, déclare qu'il a eu beaucoup à se plaindre de M. Chantagrel et que, s'il lui a fait sa proposition, c'est par manière de plaisanterie. Le sieur Souligou a, on en conviendra, d'étranges façons de plaisanter avec les représentants du pays.

Débarquement de M. Rouvier.

Voici maintenant que les journaux racontent par le menu l'emploi que fit le baron de Reinach du dernier jour de sa vie, le samedi 19 novembre.

En compagnie de M. Clémenceau et du ministre des Finances, à qui il déclara que le juge d'instruction Prinet le comprenait dans les poursuites intentées à l'occasion de l'affaire du Panama, il courut chez M. Constans et chez M. Cornélius Herz qu'il croyait en mesure d'arrêter la campagne des journaux à laquelle il attribuait sa perte.

M. Clémenceau, mis en cause, donne la version que voici :

M. le baron de Reinach et M. Rouvier se sont présentés successivement chez moi, à trois heures de l'après-midi. Le concierge leur a répondu que j'étais à la Chambre, et ils sont partis. En effet, je suis arrivé au Palais-Bourbon à une heure et demie et j'y ai passé tout l'après-midi.

Vers quatre heures, M. Rouvier m'a abordé dans la salle Casimir-Périer et m'a dit qu'il s'était présenté chez moi une heure auparavant. Il m'a fait connaître que M. le baron de Reinach était affolé par la campagne qu'on menait contre lui; qu'il était venu lui déclarer qu'il fallait à tout prix faire cesser les attaques de certains journaux; que c'était pour lui une question de vie ou de mort.

Il n'y avait qu'un moyen d'obtenir ce résultat, — avait dit M. de Reinach, — c'est que M. Rouvier voulût bien l'accompagner chez M. Cornélius Herz pour joindre ses instances aux siennes. Il affirmait que M. Herz pouvait mettre en jeu certaines influences et faire cesser ces attaques. M. Rouvier me dit alors qu'il voulait bien, — étant donné l'affolement de M. de Reinach, — lui rendre ce service, mais qu'il

M. ROUVIER,
Ministre des Finances.

ne pouvait faire la visite qui lui était demandée que s'il y avait un témoin. Il me demanda d'être ce témoin. J'acceptai.

A sept heures, j'arrivai chez M. Hertz, où MM. de Reinach et Rouvier arrivèrent presque en même temps. La conversation ne dura pas dix minutes, car, dès les premières paroles, M. Herz déclara qu'il était hors d'état de rendre le service qu'on lui demandait. Sur un renseignement inexact qu'on lui avait donné, il avait laissé entendre précédémment à M. de Reinach qu'il pourrait peut-être agir dans le sens que souhaitait celui-ci. Mais il avait reconnu depuis que c'était impossible.

M. de Reinach écouta ces paroles presque sans mot dire et, se tournant vers moi, me supplia de l'accompagner immédiatement chez M. Constans, qui — au dire de certains journaux — pouvait avoir de l'influence sur une des personnes qui l'attaquaient. Je consentis.

Une demi-heure après, nous étions rue des Ecuries-d'Artois. M. Constans manifesta son étonnement à M. de Reinach et nous déclara, avec une extrême énergie, qu'il n'avait aucune action directe ou indirecte sur les personnes qui

menaient cette campagne. Cinq minutes après, nous quittions M. Constans. Dans la rue, je me séparai de M. de Reinach. Il me dit : « Je suis perdu. » Je ne l'ai plus revu.

G. CLÉMENCEAU.

Les journaux n'avaient pas parlé de M. Rouvier; la révélation de M. Clémenceau, — il est impossible que son auteur n'ait pas prévu ce résultat — devait amener brusquement la chute du ministre des Finances.

Avant la séance du mardi 13 décembre, M. Rouvier était démissionnaire. Il monte à la tribune et essaie d'expliquer sa conduite.

Il a pensé, dit-il, que puisqu'une nouvelle campagne d'accusations, de calomnies, d'injures, était entreprise, il était de son devoir de faire face à la calomnie. C'est pour être plus libre qu'il rentre dans les rangs, qu'il reprend la place qui lui appartient dans la majorité.

M. Rouvier, s'expliquant sur le fait particulier de ses relations, dit qu'il a eu des relations avec tous ceux qui, comme M. de Reinach, occupent une haute situation dans la finance.

Il est l'ami du gendre de M. de Reinach qui, à une heure difficile, a soutenu le bon combat à ses côtés.

L'article de M. Clémenceau est exact, M. Clémenceau le lui a communiqué hier soir. Il espérait que cet article mettrait fin à la polémique; il en soulève une autre où on va voir se déchaîner la presse infâme.

M. Richard interrompt : MM. Ribot et Loubet, dit-il, ne sont pas mis en cause comme vous.

Qui a interrompu? dit M. Rouvier.

M. Déroulède se lève et s'écrie : Je prends l'interruption à mon compte. Oui, on n'attaque pas comme vous MM. Ribot et Loubet.

La majorité proteste.

« Je ne dis pas tout », ajoute M. Déroulède.

M. Rouvier achève ses explications en reconnaissant qu'il a été peut-être imprudent, mais qu'il a été humain. Sa conscience ne lui reproche rien; ce qu'il a fait, il est prêt à le faire encore.

Quelques instants avant, M. Ribot avait couvert de fleurs ce collègue qu'il allait, à quelques jours de là, sans même le prévenir, envoyer devant les tribunaux.

Nous n'avons pas besoin d'insister sur le rôle plus qu'étrange joué par M. Rouvier, par un membre du gouvernement, qui, sachant le baron de Reinach sous la main de la justice, s'occupait avec une ardeur fébrile à lui trouver des sauveurs. Il n'y a qu'un mot pour expliquer ces choses-là, c'est celui de complicité.

De pareilles démarches expliquent l'impossibilité dans laquelle se sont trouvés les collègues de M. Rouvier de le soustraire à l'action de la justice.

Le sénateur Devès.

Sous ce titre :

Le sénateur Devès et le chèque Castelbon, la *Libre Parole* publiait l'entrefilet suivant :

Un monsieur qui a eu son rôle dans les incidents qui ont amené la chute de Rouvier, c'est le sénateur Devès, ancien garde des sceaux.

Vous savez, ce sénateur qui regardait curieusement la voiture du ministre et qui, apercevant Rouvier avec Reinach dans le quartier Marbeuf, l'aborda avec de gauloises plaisanteries ?

M. Devès sera-t-il d'aussi joyeuse humeur quand nous aurons mis la conversation sur le chèque Castelbon ?

Nous affirmons que le bénéficiaire de ce chèque, mal dissimulé derrière un homme de paille, est M. Devès, sénateur du Cantal, ancien ministre de l'Agriculture, ancien ministre de la Justice et des Cultes.

Nous le mettons au défi de nier. Au besoin, nous dirons où est la preuve.

Sans perdre de temps, le sénateur Devès, ancien ministre de la Justice, réclame une audition de la Commission d'enquête. Il va sans dire que le jour n'est pas plus pur que le fond de son cœur : Ce Castelbon, un compatriote de M. Devès, voulait fonder un journal, la *Nouvelle Presse*, pour soutenir la politique de M. Devès. Le journal a duré deux mois. M. Devès, en homme avisé, refusa de mettre son argent dans l'affaire, mais il ne lui répugna pas d'y mettre vingt mille francs pris dans la poche des actionnaires du Panama, sous la forme d'une chèque délivré par le baron de Reinach.

Ce qui n'empêche pas M. Devès de dire avec un beau sang-froid : « Il n'y a en tout ceci rien de commun avec le Panama. » La Commission n'était pas là pour le contredire. M. Devès lui tira sa révérence et s'en alla.

Mais le Procureur général n'a pas hésité à comprendre la victime de Castelbon dans la fournée sénatoriale.

Arrestations.

Le 15, le gouvernement qui voulait faire échouer la proposition Pourquery de Boisserin frappa un grand coup et fit mettre en état d'arrestation les inculpés Ch. de Lesseps, Marius Fontane, Sans-Leroy et Cottu qui, absent, vint ultérieurement se constituer prisonnier.

Une majorité factice.

Voici le texte complet de la proposition Pourquery de Boisserin dont nous avons parlé.

ARTICLE PREMIER. — La Commission spécialement nommée pour la recherche des faits allégués dans la séance du 21 novembre aura le droit de faire citer tous témoins et de leur déférer le serment.

ART. 2. — Le président de la Commission d'enquête pourra délivrer, après décision de la commission des commissions rogatoires enjoignant aux juges d'instruction d'opérer toutes saisies, perquisitions, de faire procéder à toutes recherches ou expertises sans exception, dans les formes prévues par le code d'instruction criminelle.

Le juge d'instruction rendra compte de ses opérations et remettra les pièces saisies, les documents ou les rapports, directement à M. le président de la Commission.

Art. 3. — La Commission aura le droit d'exiger communication, par dépôt entre les mains de son président, de toute procédure criminelle ou correctionnelle sans exception, suivie de jugement de relaxe ou de condamnation, classée, sans suite ou encore en cours.

Art. 4. — Le refus de comparaître et de prêter serment, non légitimement excusé, constaté par procès-verbal de la Commission, transmis au parquet après citation nouvelle sans effet, sera puni par une amende de 100 à 500 francs.

Les témoins qui, après avoir prêté serment, auront sciemment altéré la vérité, seront punis d'une peine de six mois à deux ans de prison.

Les mêmes peines atteindront le coupable de corruption de témoins.

Le faux témoignage sera acquis, s'il n'a pas été rétracté avant le dépôt du rapport de la Commission.

L'article 373 du Code pénal est applicable aux dénonciations calomnieuses envoyées à la Commission d'enquête.

Ces délits seront prescrits par un an à dater de la publication du rapport au *Journal officiel*.

Art. 5. — La Commission d'enquête a le droit de procéder lorsque la Chambre n'est pas réunie et même dans l'intervalle des sessions.

Cette proposition adoptée par la Commission malgré l'avis du gouvernement, vient en discussion le jeudi 15 décembre.

Le gouvernement comprenait fort bien que si cette proposition était votée, la direction de l'affaire lui échappait et qu'il ne lui restait aucun moyen d'étouffer la vérité. C'est pourquoi il joua son va-tout et posa la question de confiance.

Le passage à la discussion des articles fut repoussé par 271 voix contre 265. La majorité du gouvernement était donc de six voix, mais il y avait huit ministres qui s'étaient administré un vote de confiance. Cette majorité, en défalquant les votes ministériels, était donc réellement **une minorité de deux voix**.

Voici comment les ministres de M. Carnot entendent la pratique du régime parlementaire.

Voilà aussi ce qui fait comprendre que M. Léon Renault dise négligemment dans les couloirs du Sénat : « Le 10 janvier tout sera fixé et nous sortirons de toutes ces tracasseries. »

Les talons des chèques retrouvés.

Ces talons des chèques que le banquier Thierrée prétendit d'abord avoir brûlés, il se décida à les remettre à la Commission, les indications qu'ils fournirent obligèrent le gouvernement à prendre une mesure qui eut dans le pays tout entier un profond retentissement.

Demande en autorisation de poursuites contre dix membres du Parlement.

Dans la séance du mardi 20 décembre, une demande en autorisation de poursuites était présentée au nom du Procureur général contre cinq députés dont voici les noms :

MM. **Rouvier,**
    Emmanuel Arène,
    Antonin Proust,
    Jules Roche,
    Dugué de la Fauconnerie.

Le même jour pareille demande était formulée au Sénat contre :

MM. **Béral,**
    Léon Renault,
    Albert Grévy,
    Devès,
    Thévenet.

Dans les deux assemblées les poursuites furent votées sans discussion après de courtes apologies présentées par quelques-uns des décrétés d'accusation, qui, bien entendu, protestèrent de leur innocence. Ils ne purent retenir quelques paroles amères contre un gouvernement dont ils avaient été les plus fermes soutiens qui le livrait brusquement aux rigueurs de la justice.

Dans ce lot, que par un sinistre ressouvenir de la Convention on nomma la première charrette, nous trouvons parmi les députés deux anciens ministres, MM. Rouvier et Jules Roche. Ce dernier ne pouvant contenir sa fureur s'approcha du banc des ministres et traita à haute voix les honorables membres du cabinet de « scélérats » et de « misérables ». Tous, à commencer par M. Ribot, plongèrent dans leur gilet et il n'en fut pas autre chose.

M. THÉVENET,
sénateur, ancien ministre.

A quelques jours de là, M. Jules Roche reprit son sang-froid, et lui qui, au lendemain de la catastrophe, s'épanchait volontiers dans le sein des reporters, ferma sa porte et se métamorphosa en statue du silence.

On comprit ce que ne pas parler voulait dire, et ceux qui pensaient que le gouvernement ferait son possible pour donner au pays des satisfactions purement illusoires furent confirmés dans leurs opinions.

En immolant cinq victimes prises dans la Chambre et cinq choisies dans le Sénat, on avait voulu tenir la balance rigoureusement égale entre les deux assemblées, mais ce n'était un mystère pour personne que le nombre des coupables était bien plus considérable, on parlait d'un chiffre variant entre cent quatre et cent vingt-cinq.

Les aveux de M. Rouvier.

Nous devons faire une mention spéciale des explications apportées à la tribune dans cette mémorable séance du 20 décembre.

M. Rouvier commença par se plaindre que ses collègues du ministère qui l'avaient récemment débarqué en le couvrant de fleurs, l'eussent traduit devant les tribunaux au lieu de se contenter d'une anodine comparution devant la Commission d'enquête. Puis cédant à la colère qui le gagnait, il fit les aveux suivants écoutés au milieu d'une profonde stupeur :

Je ne peux pas oublier, dit l'ancien ministre d'une voix étranglée par l'émotion, qu'on va jeter en pâture à la malignité publique, durant cette épreuve, non seulement le député, mais un homme qui eut le grand honneur, — redoutable à cette heure, — d'avoir été un moment le chef du gouvernement.

Dans une situation normale, il serait tenu de garder les secrets de l'État ; mais dans la période troublée que nous traversons, j'ai le droit de parler et je parlerai.

J'ai donc eu l'honneur d'être chef du gouvernement à une époque difficile, et je n'ai pas trouvé dans les caisses les ressources suffisantes pour faire face à certaines nécessités de l'État.

Vous voyez par là que, si on accuse certains gouvernants d'emporter des fonds secret, ce n'est pas moi qui me suis trouvé dans cette situation.

Un membre a droite. — Qui les a emportés ?

M. Rouvier. — Je n'accuse personne ; je dis : on accuse ; c'est là une des mille calomnies que l'on répand contre ceux qui ont disposé de fonds secrets.

Donc, quand j'étais président du conseil, en 1887, je n'ai pas trouvé, dans les fonds votés par le Parlement, les ressources nécessaires pour défendre la République comme il fallait la défendre. (*Bruit sur divers bancs. — Exclamations à droite.*)

Croyez-vous donc que vos hommes d'État aient gouverné autrement? (*Bruit à droite.*)

On paraît apprendre pour la première fois qu'en pareil cas on est bien heureux d'avoir, parmi les financiers, des amis qui puissent vous venir en aide. (*Bruit sur divers bancs.*)

Entendons-nous, il ne s'agit pas naturellement ici d'une œuvre de corruption, mais de publicité, et il a pu rester, sur les avances faites par deux financiers, un solde à régler. (*Bruit sur divers bancs.*)

Et si je dis cela ici, au lieu d'avoir attendu d'être devant le juge d'instruction, c'est qu'on peut bien, si l'on veut, effacer mon passé et oublier quelques services que j'ai pu rendre ; mais je tiens à transmettre aux miens un nom sans souillure.

Ce que j'ai fait en cette circonstance, tous les hommes politiques l'ont fait. (*Bruit*); oui, dans tous les temps et dans tous les pays. (*Interruptions à gauche.*)

Si ceux qui m'interrompent avaient été défendus autrement qu'ils ne l'ont été, ils ne seraient pas sur ces bancs. (*Interruptions sur divers bancs.*)

Encore une fois, il s'agissait d'opérations de publicité, et *comme je n'avais pas trouvé dans les caisses l'argent nécessaire au jour voulu, j'ai été heureux de le recevoir de certains amis, et c'est d'une inscription de ce genre qu'il est question dans le solde dont j'ai parlé.*

Maintenant que je me suis expliqué, afin de ne pas rester une seule minute sous l'incrimination dirigée contre moi, j'irai le front haut devant le juge d'instruction, devant la cour d'assises, partout où on voudra, et je déclarerai nettement ceci : non, il n'est pas vrai que j'aie bénéficié des rémunérations d'une compagnie dont je n'ai jamais défendu les intérêts, qui ne m'a rien demandé et à laquelle je n'avais rien à offrir. (*Très bien ! très bien ! sur divers bancs.*)

Ces explications sont accueillies par un silence glacial et l'orateur regagne son banc sans qu'une seule main se tende vers lui.

M. Rouvier faisait preuve de la plus étonnante inconscience en avouant qu'il avait employé en manœuvres électorales l'argent que les actionnaires d'une compagnie avaient versé pour percer un canal, et cet autre aveu que la majorité républicaine de la Chambre de 89 était issue de la corruption du suffrage universel explique suffisamment la mauvaise humeur de ses coréligionnaires et complices.

L'incident Déroulède.

Dans cette même séance devait naître un incident qui produisit une vive sensation.

M. Déroulède mit en cause M. Clémenceau et l'accabla sous le poids des plus terribles accusations. Il interpella le gouvernement sur les mesures disciplinaires à prendre par le grand-chancelier de la Légion d'honneur contre M. Cornélius Herz, grand-officier de l'ordre. Le gouvernement qui tient à Cornélius Herz, ou qui est tenu par lui, veut éluder l'interpellation, il est contraint par l'attitude de la Chambre d'en accepter la discussion immédiate.

M. Déroulède esquisse à grands traits le rôle mystérieux et sinistre joué dans nos affaires par cet aventurier allemand.

Oui, dit-il, M. Cornélius Herz s'est trouvé un des principaux personnages du pays, puisqu'à l'heure décisive de la crise qui a arraché des mains de M. Rouvier le portefeuille des finances, celui qui était l'arbitre de ses destinées, au pied duquel on se jetait, ce n'était pas le chef de l'État, ce n'était pas un magistrat, ce n'était pas le préfet de police, c'était M. Cornélius Herz. (*Bruit.*)

A l'heure où M. de Reinach est mort, il y a eu, on le sait, des conciliabules secrets. Devant qui? devant le président

M. CLÉMENCEAU.

de la République? devant les juges? Non, chez M. Cornélius Herz, placé si haut dans ce pays qu'il semblait tenir les fils du gouvernement. (*Exclamations.*)

Il était grand-officier de la Légion d'honneur et nous avons demandé pourquoi. Pourquoi? Parce qu'il a été commandeur, commandeur parce qu'il a été officier, officier parce qu'il a été chevalier.

Qui donc l'a poussé si haut, quel a été l'introducteur de cet ambassadeur étranger?

« C'est un homme que vous n'avez pas le courage de nommer parce que vous craignez son pistolet, son épée et sa langue, c'est M. Clémemceau. (*Mouvement.*)

Ce député, dont vous connaissez tous l'influence néfaste, a répondu, quand on l'a accusé d'avoir reçu de l'argent de M. Cornélius Herz :

« Que l'on prenne mon journal, qu'on le compulse depuis la première feuille jusqu'à la dernière, et à aucun jour, à aucune heure, on n'y trouvera le nom de Cornélius Herz; à aucun jour, à aucune heure, on n'y trouvera les affaires dont il s'occupe! »

Mais alors pourquoi cet argent reçu? Depuis la conversation de Londres, la somme a varié.

Ce n'est plus de 200,000 francs qu'il s'agit, c'est de 2 millions maintenant! (*Rires et bruits.*)

Pour ce que vaut la feuille, c'est comique, j'en conviens. On offrait un jour un chèque à Rochefort.

Il répondit :

— Je n'ai pas besoin d'argent.

Mais si l'on donne 2 millions à une feuille qui tire à 2,000 exemplaires, c'est 200 millions qu'il faudrait donner à l'*Intransigeant*, qui tire à 200,000!

Mais je reviens à la question. Quelle que soit la somme, pourquoi cet étranger a-t-il donné, ne fût-ce que 200,000 francs, à un journal qui ne faisait rien pour lui?

On ne lui a pas rendu de services publics? C'est donc qu'on lui en rendait d'autres.

Et alors on en arrive vraiment à se demander si ces crises ministérielles successives ne faisaient pas les affaires de l'étranger. (*Bruit.*)

Il s'agissait pour M. Clémenceau d'expliquer à ses collègues l'intérêt que pouvait avoir Cornélius Herz à enterrer deux millions dans son journal aussi peu lu que la *Justice*, dont M. Clémenceau est le directeur. Celui-ci ne l'a même pas essayé; il a préféré jeter à la tête de son adversaire un démenti dont la forme rendait inévitable un duel qui eut lieu à deux jours de là, sans résultat, comme on sait.

Les chèques.

Voici la liste complète des chèques, telle qu'a pu la reconstituer le *Gaulois* :

MM. Arène	un chèque de	20,000 fr.	(Orsatti).
Barbe	—	450,000 —	(Chevillard.)
Béral	—	20,000 —	(X...).
Devès	—	20,000 —	(Castelbon).
Dugué de la F.	—	25,000 —	(Siméon.)
X	—	20,000 —	(Aigoin).
A. Grévy	—	20,000 —	(Grévy).
Le Guay	—	20,000 —	(X...).
X	—	100,000 —	(X...).
Pesson	—	20,000 —	(X...).
Proust	—	25,000 —	(Proust).
L. Renault	—	20,000 —	(Renault).
L. Renault	—	5,000 —	—

J. Roche	—	20,000	—	(Schmitt).
Rouvier	—	50,000	—	(Vlasto).
Rouvier.	—	40,000	—	(Davoust).
Gobron	—	20,000	—	(X...).
Cornélius Herz.	—	2 millions)		

4 chèques chacun de 20,000 fr. (en tout 80,000 fr.) payés par une banque du quartier de la Madeleine.

Le même journal ajoute :

A ce compte, que nous donnons d'ailleurs sous toute réserve, il faut ajouter 250,000 francs dont la destination n'a pu être établie. Il y a, d'autre part, le chèque Arton, s'élevant de 1 million 600,000 francs à 2 millions environ, et qui aurait été réparti, — nous n'affirmons rien, — entre une centaine de députés et de sénateurs.

Par un scrupule que l'on appréciera, nous avons désigné par deux X deux membres de la Chambre des députés; quant à MM. Pesson et Le Guay, dont les noms apparaissent pour la première fois, nous les nommons en toutes lettres parce que l'un, M. Pesson, ancien député d'Indre-et-Loire, est mort, et que l'autre, M. Le Guay, ex-représentant du Puy-de-Dôme, ancien directeur des affaires départementales au ministère de l'Intérieur, est actuellement à Mazas, nculpé dans l'affaire de la dynamite.

Les aveux de M. Floquet.

· Dans sa séance du 22, la Commission d'enquête entendit M. Floquet, qui donna lecture d'une note rédigée par lui à loisir. Ce document est trop important pour que nous ne le donnions pas *in extenso*, malgré sa longueur.

Mes chers collègues, lorsque s'est produite devant vous la déposition de M. Laguerre, j'ai prié l'un de vos présidents, M. Clausel de Coussergues, qui dirigeait en ce moment vos travaux, de faire savoir à la Commission que je me tenais à son entière disposition pour venir confirmer devant elle les déclarations faites par moi à la Chambre.

Je répète donc que dans aucune des hypothèses successivement présentées, ni à l'occasion de l'élection du 27 janvier à Paris, ni à l'occasion de la première ou de la deuxième élection du Nord, ni à l'occasion d'aucune autre élection, je n'ai exercé directement, ni autorisé personne à exercer, ni su que personne ait exercé aucune pression sur les représentants de la Compagnie de Panama, afin d'obtenir ou de faire distribuer une somme quelconque pour les besoins politiques du gouvernement.

Je n'ai rien demandé, je n'ai rien reçu, ni les 300,000 francs indiqués en premier lieu, ni les 100,000 francs qu'on aurait déposés au coin de mon bureau, ni les 500,000 francs dont on a parlé depuis, ni aucune somme quelconque.

« Ai-je besoin d'ajouter à ce que j'ai dit depuis longtemps dans les conversations qui ont pu d'ailleurs être exagérées, mal comprises ou mal traduites : j'aurais poussé la candeur un peu loin si j'avais pu me figurer que, dans la répartition du fonds spécial destiné à la publicité des journaux et régulièrement touché par eux, les influences politiques ne s'exerceraient pas, et si, m'enfermant dans une indifférence qui eût été une véritable abdication, je n'avais pas, au moyen des indications que j'ai recherchées et des communications qui m'ont été spontanément faites, observé et suivi d'aussi près que possible cette répartition, non pas au point de vue commercial qui ne me regardait pas, mais au point de vue politique qui intéressait l'État. »

A cette action, qui était de l'essence même de la fonction du ministre chargé de la sûreté générale, ne s'est mêlé aucune exigence, ni aucun maniement d'argent, et, je le répète, jamais la Compagnie de Panama n'a ajouté aucun complément aux fonds secrets du gouvernement.

Et puisque je prononce ce mot, permettez-moi de m'étonner que l'on n'ait pas reproché sur l'heure au ministre de l'Intérieur qui combattait alors, un fait dont l'un des chefs du boulangisme aurait, dès l'été 1888, reçu connaissance.

C'était cependant une des accusations à la mode de l'époque que la ruine des fonds secrets. On répétait chaque jour avec force détails que les fonds secrets avaient été épuisés dès la première heure; que j'avais dévoré les fonds du pari mutuel, pourtant remis intacts à mon successeur: que j'avais détourné des crédits de gratification aux employés, crédits qui n'existaient pas; que j'avais réquisitionné la Banque; on a dit tout cela et bien d'autres choses plus fortes encore, particulièrement dans le journal *La Presse* de M. Laguerre; et cependant on n'a jamais fait une allusion aux ressources prétendument tirées du Panama.

La vérité c'est que les fonds secrets ont toujours été en règle. Il sera facile à la Commission de s'en assurer en prenant connaissance, non pas de la distribution de ces fonds, dont il ne reste pas trace, mais du mouvement de caisse; il démontrerait que la dépense mensuelle a été à peu près et jusqu'au bout régulièrement égale au douzième du crédit total dont je pouvais cependant disposer à ma discrétion.

C'est pourquoi, mes chers collègues, devant vous, comme devant la Chambre et le pays, j'ai le droit de dire que l'administration du ministère de l'Intérieur et de la sûreté générale en 1888 a été probe et loyale.

Nous appelons l'attention du lecteur sur la longue phrase entortillée que nous avons mise entre guillemets.

Si obscure qu'elle soit, elle n'en constitue pas moins un aveu pour qui sait lire entre les lignes. La surveillance d'une répartition de fonds reconnue par M. Floquet revient à dire qu'il n'a rien mis dans sa poche, aussi ne l'en a-t-on pas accusé, mais que comme M. Rouvier il a employé à soutenir sa politique l'argent des actionnaires du Panama.

Récapitulation.

Au point où nous sommes arrivés, il nous paraît bon de jeter un coup d'œil en arrière.

C'est le 25 novembre, à la première séance de la Commission d'enquête nommée sur sa demande, que M. Delahaye développe le programme des opérations de la Commission tel qu'il le conçoit.

Il commence par dévoiler le rôle joué par le baron de Reinach dans la corruption des membres du Parlement.

Il indique les recherches à faire dans les livres de MM. Thierrée et Cie, maison de coulisse avec laquelle opérait le baron de Reinach.

— Vous trouverez, disait-il, chez M. Thierrée, des chèques dont les bénéficiaires apparents seront des hommes de paille ; vous manderez ces hommes de paille, valet de chambre, bottier, garçon de bureau ou ami, et vous les prierez d'établir la contre-partie des services rendus pour expliquer de pareils dons, etc. »

« Quand vous aurez vu les chèques, il sera nécessaire de rechercher les talons de ces chèques.

« Vous offrirez ensuite un sauf-conduit à M. Arton; sa déposition vous révélera d'autres faits non moins intéressants.

« Enfin vous entendrez M. Floquet et vous lui poserez les questions que je vous indique : vous enregistrerez ses réponses.

« Quand vous aurez procédé à ces différentes opérations, vous aurez fait la lumière et les administrateurs du Panama vous paraîtront, comme à moi, peut-être plus dignes de pitié que de colère. »

Et M. Delahaye insistait sur le chantage odieux dont ont été victimes les administrateurs de la Compagnie, à qui on mettait comme un couteau le vote sur la gorge.

Cette appréciation était tellement juste que devant la cour un des accusés, M. Charles de Lesseps, répondit à l'avocat général lui reprochant ces distributions :

« Quand on vous demande votre montre au coin d'un bois nul ne peut vous reprocher de l'avoir donnée. »

Un sauf-conduit n'a pas été envoyé à Arton, mais cet escroc a su fort bien s'en passer. Sa présence a été constatée dans Paris à plusieurs reprises ces temps derniers; et si on ne l'a pas arrêté c'est qu'on ne l'a pas voulu, pour des raisons trop faciles à deviner : la comparution de cet homme et celle de Cornélius Herz ne permettraient pas au gouvernement de faire la part du feu, et ce n'est pas avec une dizaine de sénateurs ou de députés, même de la qualité de MM. Rouvier, Grévy ou Léon Renault, qu'il s'en tirerait.

Suivi en ce qui concerne M. Floquet, le programme a donné d'excellents résultats. Ce personnage, infatué de lui-même, qui tient dans son parti une place si encombrante, a été subitement dégonflé. Il a fini par avouer, trouvant d'ailleurs tout rationnel qu'un ministre aux abois fasse les porte-monnaie pour les besoins de sa politique.

Le rôle joué par M. Reinach, on le connaît dans ses plus vilains détails; intermédiaire des chantages et maître chanteur pour son propre compte, il n'a trouvé de refuge que dans le suicide. A l'heure actuelle, M. Hébrard et son journal eux-mêmes n'en doutent plus.

On a mis la main sur les chèques Thierrée et sur les talons qui ont révélé le véritable nom des bénéficiaires cachés derrière des hommes de paille, comme l'avait annoncé si exactement M. Delahaye. A la vérité, le gouvernement n'a voulu livrer qu'un petit nombre des coupables, mais il est à la merci d'événements imprévus qui peuvent d'un moment à l'autre mettre son indulgence et sa complaisance à une épreuve bien cruelle.

Notons pour mémoire un procureur général s'entêtant à couvrir toute cette boue de son hermine et profitant des circonstances pour se réfugier dans un fromage de Hollande où il demeure inamovible : la présidence d'une chambre de la Cour de cassation, un ministère renversé, deux membres de ce cabinet et des plus huppés débarqués sur le quai au pied même du Palais de Justice, un ancien préfet de police, un ancien garde des sceaux, un ancien gouverneur général de l'Algérie, frère du propre beau-père de Wilson, ajoutons cet imprévu auquel nous faisions allusion et qui sera peut-être en réalité le plat du jour de demain ; on conviendra que l'interpellation de M. Delahaye et sa déposition n'étaient point la grossière mystification que prétendaient à la première heure les républicains désireux de tourner la chose en plaisanterie, alors que M. Emmanuel Arène, un des plus sémillants opportunistes, compris, hélas ! dans la fournée législative, pensait avec naïveté et écrivait avec audace que la Commission était instituée pour mener bon train les accusateurs (*textuel*).

A l'heure actuelle, les journaux républicains demandent à grands cris qu'on en finisse, c'est-à-dire qu'on ne pousse pas plus loin les investigations. Ils affirment avec un sérieux impertubable que l'on est en présence d'un complot monarchiste, comme si tout cela ne se passait pas entre républicains, comme si les coupables n'étaient pas les coryphées de leur parti, comme si ce n'était pas un ministère républicain, qui, la mort dans l'âme, avait dû ordonner les poursuites, comme si ce n'était pas la magistrature républicaine qui faisait procéder à des perquisitions et découvrait tous les jours de nouveaux coupables tels que MM. Blondin et Baïhaut.

Une nouvelle Invasion.

L'opinion publique a été vivement frappée de ce fait que, dans le scandale de Panama, des étrangers, et des étrangers allemands, ont joué un rôle prépondérant. Que l'on suive les séances de la Commission d'enquête, ou que l'on réunisse les informations recueillies par la presse, on est frappé de ces noms étrangers que l'on voit figurer à des titres divers : les Reinach, les Aaron dit Arton, les Kohn, les Propper, les Oberndœffer, les Cornélius Herz.

Le nom de ce dernier a été si intimement mêlé à l'affaire de Panama qu'une courte biographie du personnage est indispensable.

Cornélius Herz.

Son père Herz est né dans la Hesse Rhénane. Il apprit l'état de relieur, se maria avec une compatriote et travailla de son métier dans plusieurs villes de France et retourna en Allemagne.

C'est en Allemagne que naquit son fils, qui est aujourd'hui un acteur des plus importants du triste drame dont les péripties se déroulent sous nos yeux.

Cornélius Herz, né en 1847, passa jeune en Amérique et reçut à Chicago un titre de docteur en médecine dont il est bien difficile de préciser la valeur réelle. Il alla s'établir à San-Francisco, puis, en 1870, il vint en France, fut employé comme chirurgien dans l'armée de la Loire et se fit donner la croix de la Légion d'honneur.

Il retourna à Chicago et s'y fit naturaliser citoyen de la République des États-Unis. En 1875, nous le retrouvons à Paris. Il s'y occupe d'exploiter les brevets d'un ingénieur allemand pour l'éclairage par l'électricité. Il s'associe avec M. Lebey, directeur de l'*Agence Havas*, et avec le sénateur Hébrard, directeur du *Temps*, qui, devenu plus tard celui de l'ingénieur Eiffel, prouvait qu'il était décidément malheureux dans le choix de ses associés.

CORNÉLIUS HERZ.

Il obtient la concession des téléphones et cède sa concession au Crédit Mobilier, puis il commandite la *Justice*, dirigée par M. Clémenceau, et dépense deux millions pour faire vivre ce journal peu lu.

Aux élections de 1885, cet étranger, se mêlant, avec une singulière audace, à nos luttes politiques, dépense des sommes considérables dans les intérêts des candidatures radicales.

Nous le voyons ensuite exploiter les brevets de M. Marcel Deprez, ayant pour objet le transport à distance de la force électrique.

La Compagnie des téléphones sollicitait, en 1886, une prorogation de son monopole. M. Granet, alors ministre des Postes et Télégraphes, la lui refusa, mais lui donna en échange le conseil de s'entendre avec le Dr Cornélius Herz. La Compagnie, comprenant la portée du conseil, se résigna à passer par ces fourches caudines, et conclut avec le docteur un traité constituant à celui-ci des avantages exorbitants. Le décret sanctionnant ces arrangements allait être signé par le président Grévy, quand un journal révéla les clauses du traité et dénonça le péril de la remise entre les mains d'un Allemand de notre réseau téléphonique, l'un des organes les plus essentiels de notre mobilisation en cas de guerre.

Les ministres hésitèrent, puis, retirant leur autorisation, déclarèrent que les Chambres pouvaient seules prendre la responsabilité d'aliéner un des organes de la défense nationale, et le docteur, peu soucieux qu'un débat public s'ouvrît sur ses actes, sur ses combinaisons et sur ses projets, se désista prudemment.

Cependant, M. Herz faisait un rapide chemin dans la **Légion d'honneur** : nommé chevalier par le gouvernement de la Défense nationale, il fut fait officier par M. Cochery, commandeur par M. Ferry, et grand-officier par M. de Freycinet.

M. de Freycinet et le Dr Herz.

M. le ministre civil de la Guerre, en niant ses rapports avec le Dr Cornélius Herz, a trouvé des contradicteurs. Sous la signature **L. D.**, M. Andrieux, l'ancien préfet de police, accusait, dans la *Libre parole*, M. de Freycinet d'avoir touché du Panama 200,000 francs.

Ce qu'il y a de certain, c'est que M. de Freycinet prétendit qu'il avait fait Cornélius Herz grand-officier de la Légion d'honneur à la demande expresse des savants, et notamment de M. Bertrand, membre de l'Institut. Le célèbre mathématicien a donné aux assertions de M. le ministre civil de la Guerre le démenti le plus formel.

Quand, sous la précédente législature, fut soulevé le scandale de l'affaire Wilson, on put lire, dans le rapport déposé par M. Brousse au nom de la Commission d'enquête, le passage suivant :

« Cette décoration a été donnée sur la proposition du ministre des Affaires étrangères, *au titre étranger*, et votre Commission a pensé qu'il ne lui appartenait pas d'apprécier les **motifs diplomatiques** qui ont déterminé à cet égard les résolutions du gouvernement. »

Or, dans la séance de la Chambre du 15 décembre dernier, M. de Freycinet a tenu ce langage :

« Je disais, messieurs, qu'on avait insinué qu'en décernant cette décoration j'avais cédé à la pression d'hommes politiques. J'affirme qu'il n'en est rien. Cette décoration a été concédée dans des conditions tout autres : c'est sur la recommandation de savants. »

On appréciera ce que valent les affirmations et les dénégations de M. de Freycinet. Il ne fut pas plus heureux quand il nia contre toute évidence les relations d'intimité qu'il avait eues à Aix-les-Bains avec le fameux docteur.

Ce qu'il y a de plus curieux, c'est qu'à l'heure actuelle le gouvernement a empêché qu'aucune mesure fût prise contre le grand-officier Herz par la chancellerie de la Légion d'honneur ; chaque fois que la Presse annonce qu'on va sévir, une note de l'*Agence Havas* se hâte de déclarer qu'il n'en est rien et qu'on ne songe à prendre aucune mesure à ce sujet.

On a vu plus haut les démarches faites par M. de Reinach, en compagnie de MM. Rouvier et Clémenceau, le 19 novembre, auprès du docteur Cornélius Herz, pour obtenir de lui un appui que celui-ci ne put ou ne voulut pas donner.

Quand le lendemain se répandit dans Paris la nouvelle de la mort de M. de Reinach, M. Cornélius Herz, comprenant que cette mort mystérieuse serait le point de départ d'enquêtes judiciaires qu'il ne se souciait pas d'affronter, prit le train-club et se réfugia à Londres.

A plusieurs reprises, la Commission d'enquête envoya au docteur des invitations à comparaître devant elle. Celui-ci, tout en protestant de son profond respect pour la Commission d'enquête, déclina ces invitations, alléguant le mauvais état de sa santé.

Il saute aux yeux que la justice, qui mettait la main sur le baron de Reinach, n'ignorait pas les relations de ce banquier avec le docteur Cornélius Herz et que si celui-ci a pu s'échapper, c'est qu'on l'a bien voulu.

Réfugié à Londres, le docteur, apprenant que peut-être le gouvernement républicain se résoudrait à le rayer des cadres de la Légion d'honneur, se répandait en vagues menaces et déclarait publiquement que, le cas échéant, il se promènerait dans Londres à cheval avec les insignes de la Légion d'honneur attachés à la queue de sa monture.

Ces menaces n'ont pas décidé le gouvernement à sévir contre cet homme. Nous ne nous chargerons pas de deviner les causes d'une mansuétude dont s'indigne à bon droit l'opinion publique.

Aaron, dit Arton.

Avant de faire l'historique des relations de M. Freycinet, ministre civil de la Guerre, avec le docteur Cornélius Herz, nous dirons quelques mots d'un personnage qui a joué un rôle considérable dans l'affaire du Panama. Nous voulons parler d'Aaron, dit Arton.

C'est encore un de ces étrangers qui se sont abattus sur notre pays comme des oiseaux de proie, et que l'on saisit jouant le principal rôle dans tous les scandales financiers.

M. Arton était, avec M. le sénateur Legay, à la tête de cette fameuse affaire de la Dynamite qui fut un Panama en miniature. M. Legay fut mis à Mazas et M. Arton prit la fuite.

La Société de la dynamite, dirigée par ces messieurs, n'avait pas que des rapports de similitude avec la Société du canal interrompu, elle eut avec celle-ci des relations d'intérêts. En outre, M. Arton devint un des agents du baron de Reinach et son auxiliaire le plus actif dans l'œuvre de la corruption parlementaire.

Devant la Commission d'enquête, M. Delahaye désigna M. Arton comme un des manipulateurs des cinq millions distribués aux membres des deux Chambres par l'intermédiaire du baron de Reinach.

Au su de plusieurs personnes, M. Arton ne craignit pas, après qu'un mandat d'arrestation eut été lancé contre lui, de se montrer à Paris dans plusieurs lieux publics, et il fut constant que le gouvernement était bien décidé à ne pas mettre la main sur lui. Le 20 novembre, il eut, à Paris même, une conversation avec un rédacteur de l'*Intransigeant*. Ce document est trop précieux pour que nous omettions de le placer sous les yeux de nos lecteurs.

— J'ai disposé, dit M. Arton, dans l'affaire de Panama, de sommes énormes ; malheureusement, elles étaient inférieures aux appétits que je rencontrais sur ma route. Tel député, directeur d'un grand journal parisien, me demandait 150,000 francs pour modifier son opinion, qui était hostile à l'émission de nouvelles obligations de Panama, et ces 150,000 francs une fois versés, il m'en demandait 150,000 autres pour affirmer son opinion nouvelle par un vote. Celui-ci réclamait, non en son nom, mais au nom d'un groupe d'actionnaires de sa feuille, 100,000 francs pour lancer le plus banal et même le plus ridicule des articles sur l'émission prochaine ; celui-là voulait 50,000 francs simplement pour se taire.

— Mais comment en passiez-vous par leurs exigences ?

— Eh ! monsieur, ne fallait-il pas compter, d'une part, avec la puissance de ces députés, comme législateurs, d'autre part avec leur puissance comme entrepreneurs, comme marchands de publicité ? Je dois reconnaître toutefois que ce que nous avons accordé à la presse proprement dite, à la presse sérieuse, n'a pas dépassé le taux de ce que coûtent ordinairement les émissions financières. Ce taux est de 4 0/0 environ. Mais ce qu'il nous a fallu verser, — entraînés que nous avons été par la force même des choses, — à des individualités sans mandat, à des feuilles sans abonnés, à des déclassés appuyés par toutes les administrations publiques, à d'anciens ministres, à des hommes politiques en passe de s'emparer d'une situation, c'est inouï ! Ainsi, monsieur, un journaliste qui serait Russe d'origine, si l'on tenait compte de ses affirmations, a touché, pendant plusieurs années, une mensualité de 1,500 francs ; et, particularité charmante, il n'écrivait dans aucun journal !

L'interlocuteur de M. Arton mit ensuite la conversation sur les armes que la rumeur publique lui suppose entre les mains :

— Pourriez-vous, monsieur, me donner quelques indications sur ce qu'on a appelé votre carnet ?

— Mon carnet ? mais c'est le secret de polichinelle !

— Comment cela ?

— Eh parbleu ! si aujourd'hui encore on me laisse en liberté, c'est parce que j'ai eu soin de mettre ledit carnet — dont j'avais d'ailleurs fait tirer des épreuves photographiques — à l'abri des mains de la justice.

Lozé le sait bien et avec lui Loubet.

Il contient tant de notes, il compromet tant de noms, — sans compter ou en comptant, si vous le voulez, celui de M. Floquet, — qu'on n'a pas osé jusqu'ici m'inquiéter.

— Mais savez-vous de quoi demain sera fait pour vous ?

— Non, évidemment. Et au point où les choses ont été poussées, peut-être dois-je m'attendre à une arrestation prochaine. Toutefois, croyez bien que si elle a lieu, jamais scandale n'aura été plus gros de conséquences.

Cette conversation explique suffisamment pourquoi aucune mesure sérieuse n'a été prise pour mettre ce personnage entre les mains de la justice.

M. de Freycinet, ministre civil de la Guerre.

En 1891, M. de Freycinet voulut obliger les Compagnies de chemins de fer à adopter, pour tous les wagons devant faire partie des trains de mobilisation et de concentration, des freins du système Wenger. Les Compagnies refusèrent d'obtempérer à une exigence que rien ne justifiait et qui ne leur coûterait pas moins d'un demi-milliard.

La question fut portée devant la commission du budget. M. de Freycinet, à qui on demanda des explications, s'en tira par des phrases obscures et embarrassées, l'affaire tomba dans l'eau et on n'entendit plus parler de rien.

On sait aujourd'hui que ce fut le docteur Cornélius Herz qui, en 1886, fit des démarches pour imposer à nos Compagnies de chemins de fer l'adoption du frein Wenger dont il était le concessionnaire. C'est à la suite de ces démarches que M. de Freycinet essaya, mais en vain, de forcer la main aux Compagnies.

On rapprochera ce fait de celui-ci :

M. Chabert, signataire de deux des vingt-six chèques découverts chez M. Thierrée, a été entendu devant la Commission d'enquête; il a déclaré que ces chèques, s'élevant ensemble à 235,475 francs, lui avaient été remis pour l'affaire des freins Wenger.

A la fin du mois de décembre dernier, on sut que M. Andrieux, qui s'était déclaré l'instigateur de la campagne de révélation menée par la *Libre parole*, et qui avait fait devant la Commission d'enquête d'intéressantes dépositions, avait eu une entrevue avec le ministre de la Guerre. Quelles paroles furent échangées au cours de cette entrevue, on ne l'a jamais su. M. de Freycinet lui-même a accrédité le bruit qu'il avait mandé l'ex-préfet de police pour obtenir de lui un certificat d'intégrité. M. Andrieux a laissé entendre qu'ils avaient causé de sujets relatifs à la surveillance du service d'espionnage.

M. DE FREYCINET.
Ministre de la Guerre.

On a affirmé qu'il s'agissait d'une lettre écrite par M. de Freycinet en termes pressants à son collègue Jules Roche, alors ministre du Commerce, lui demandant instamment, comme un service personnel, de nommer le docteur Cornélius Herz commissaire général du gouvernement français, à l'Exposition de Chicago.

M. de Freycinet se proposait d'obtenir de M. Andrieux, possesseur d'une copie et d'une photographie de ce document, de ne pas livrer la lettre en question à la publicité. Le ministre paraît avoir convaincu l'ex-préfet de police. On ne parvient pas à découvrir les mobiles de la condescendance de M. Andrieux.

M. Jules Roche, abandonné comme on sait aux poursuites de la justice par le ministère dont fait partie M. de Freycinet, a été infructueusement interrogé sur un point aussi important. Il a pensé que l'intérêt de sa vengeance ne coïncidait pas avec le soin de sa sécurité, et il refusa de s'expliquer.

Les collègues de M. de Freycinet n'auraient pas demandé mieux que de débarquer ce ministre peut-être compromis, à coup sûr compromettant, mais celui-ci s'est cramponné avec une telle énergie à son portefeuille, qu'ils ont dû se résoudre à une mesure héroïque consistant à donner leur démission en masse. Un nouveau ministère fut alors reconstitué par M. Ribot qui put ainsi se débarrasser de l'obstiné ministre civil de la Guerre.

La déposition Andrieux.

Nous reprenons maintenant notre tâche, bientôt terminée, qui consiste à retracer au jour le jour les révélations qui se produisent, soit dans la presse, soit dans les séances de la Commission d'enquête.

Le bruit se répandit, le 22 décembre, qu'on avait mis la main sur cinq nouveaux carnets de chèques contenant les noms d'une centaine de députés républicains. Cette nouvelle ne s'est pas confirmée. Décidément, la part du feu est bien faite.

Dans la séance de ce jour, M. Andrieux remet la photographie d'une note émanant d'un des complices du baron de Reinach. Voici la reproduction de cette note :

Il est facile de se rendre compte à la Banque de France que les distributions suivantes ont été faites, à l'occasion de l'affaire de Panama, par chèques datés du 19 juillet 1888 :

Chèque de 20,000 francs touché par M. Arène, député, acquitté par M. Orsatti, son secrétaire.

Chèque de 20,000 francs touché par M. Devès, sénateur, acquitté par M. Castelbon, son secrétaire.

Chèque de 550,000 francs touché par M. Barbe, ancien ministre, décédé, acquitté par M. Chevillard, son secrétaire.

Chèque de 20,000 francs, touché par M. Albert Grévy, sénateur, acquitté par lui-même.

Chèque de 20,000 francs, touché par M. Jules Roche, député, acquitté par M. Schmidt, son employé.

Chèque de 25,000 francs, touché par M. Dugué de la Fauconnerie, député, acquitté par son employé.

Chèque de 20,000 francs, touché par M. Aigoin, pour le compte de M. Floquet, député.

Chèque de 40,000 francs, touché par M. Rouvier, ancien ministre, acquitté par M. Vlasto.

Chèque de 80,000 francs, touché par M. Cloetta, employé de la maison Cahen d'Anvers.

M. Andrieux indique à la Commission que cette dernière somme a été distribuée entre cinq individus, parmi lesquels se trouve « un personnage influent ». A la place du nom de ce dernier il y a un trou sur la photo.

graphie, et, résistant à toutes les adjurations des membres de la Commission, M. Andrieux refuse de faire connaître ce nom.

Il poursuit l'énumération de sa note explicative.

Chèque de 40,000 francs, touché par M. Pesson, ancien député, décédé, acquitté par M. Favre, garçon de recette.

Chèque de 50,000 francs, touché par M. Rouvier, acquitté par un garçon de recette du Crédit Mobilier, dont M. Vlasto était président.

Chèque de 25,000 francs, touché par M. Léon Renault, sénateur.

Chèque de 20,000 francs, touché par M. Gobron, ancien député, acquitté par M. Praslon, son banquier.

Chèque de 20,000 francs, touché par M. Antonin Proust, député, acquitté par Buster, son domestique (13,725 francs ont été mis à son compte à la banque de Niort, 6,275 francs ont été touchés à Paris).

Chèque de 40,000 francs, touché par M. Béral, sénateur, acquitté par M. Audinger, son employé.

Chèque de 25,000 francs, touché par M. Thévenet, sénateur, ancien ministre, acquitté par M. D. Dupuy.

1,340,000 francs, touchés en divers chèques aux mêmes époques par M. Arton et distribués à 104 députés dont il peut fournir la liste et qui ont reçu des sommes variant de 1,000 à 300,000 francs (ce dernier chiffre pour M. Sans-Leroy, ancien député); il faut aussi y comprendre M. Henry Maret, député, et M. Le Guay, ancien sénateur.

En plus, il a été remis 250,000 francs à M. Floquet, alors président du conseil, pour usages gouvernementaux.

M. Andrieux ne fit pas de mystère qu'il tenait cette note de M. Cornélius Herz, qu'il était allé visiter à Londres.

A ce moment, le gouvernement, très inquiet des démarches de M. Andrieux qui, non content d'être déclaré l'auteur des révélations publiées par la *Libre Parole*, menaçait d'en faire de nouvelles, laissa connaître son intention de mettre l'ancien préfet de police sous les verroux. Au dernier moment il recula devant cette mesure injustifiable.

Nouvelles perquisitions.

Le lundi 2 janvier, on apprit que des perquisitions venaient d'être opérées au Crédit Lyonnais. Le bruit courut que quatre députés, dont un ancien ministre, allaient être compris dans les poursuites; on se répétait les noms de ces personnages, mais il fallait des circonstances exceptionnelles pour que le gouvernement fût obligé de se départir de sa mansuétude voulue : les quatre députés en furent quittes pour la peur.

Arrestation de M. Blondin.

Le 5 janvier, M. Blondin, chef du contentieux du Crédit Lyonnais, fut mis en état d'arrestation.

M. le juge d'instruction Franqueville, au cours des perquisitions opérées au Crédit Lyonnais, perquisitions motivées par la découverte de certains papiers saisis dans la caisse de la Compagnie du Panama, trouva trace d'un paiement de 500,000 francs fait en 1888 au bénéfice de M. Blondin.

Le juge avait lieu de soupçonner que cet argent avait été employé à faciliter la corruption parlementaire.

En effet l'arrestation de M. Blondin eut pour conséquence un mandat de comparution lancé contre M. Baïhaut, ancien ministre des Travaux publics, et après une confrontation des plus mouvementée entre MM. Blondin, Charles de Lesseps et Baïhaut, ce mandat fut suivi d'une inculpation pure et simple dans l'escroquerie du Panama.

Un instant même l'ancien ministre fut mis en état d'arrestation; il ne fut relâché que sur l'ordre exprès du ministre de la Justice. Le 9 janvier, M. Baïhaut était décidément mis au Dépôt, puis conduit à Mazas.

Une lettre de M. Delahaye.

M. Delahaye, à qui on doit en somme la découverte de tout ce pot-aux-roses, interpellé par le *Figaro* qui le sommait de mettre des noms sous ses accusations, fit une réponse très judicieuse dont nous extrayons le passage suivant :

Il est un fait, c'est que la Commission d'enquête n'a rien négligé pour accomplir son devoir et faire la lumière.

Il est un autre fait, c'est que le gouvernement, tout en protestant de son respect pour elle et de sa soumission à ses volontés, après avoir fermé les yeux, pendant quatre années, avant qu'elle fût réunie, et pendant quatre semaines après sa réunion, lui a refusé tout concours effectif et s'est brusquement mis en ses lieu et place dans un but qui ne pouvait être celui qu'elle poursuivait.

Or, elle poursuivait la lumière.

Eh bien, cette Commission, dont les pouvoirs les plus étendus ne sont que dérisoires, a trouvé sur mes indications une douzaine de corrompus.

Que représente, en argent, cette douzaine de députés, de sénateurs et d'anciens ministres?

Quelques centaines de mille francs.

Or, il est établi que M. de Reinach a touché sept millions à Panama, qu'il y a en outre dans la comptabilité de la Compagnie un chèque de 300,000 francs, un autre chèque de 500,000 francs, un autre de 750,000, et je ne sais combien de bons anonymes, parmi lesquels un certain nombre ont été touchés par des membres du Parlement. Nous nous trouvons donc en face d'une somme globale de plus de 12 millions.

Admettons que les corrupteurs aient prélevé une commission aussi considérable qu'il vous plaira : cinquante pour cent, si vous voulez. Il reste encore près de six millions dont il faut justifier l'emploi.

Nous savons que les députés influents se sont contentés de 20 à 25,000 francs chacun.

Divisez par ce chiffre les sommes dont la répartition n'est pas encore fournie, et vous aurez comme quotient le nombre raisonnablement présumé des parlementaires corrompus.

Supposons que la justice, mue par une raison d'État, ne veuille pas trouver les noms; supposons qu'elle commette la faute de laisser à l'avenir le soin de faire l'œuvre d'assainissement que je lui ai proposée, il n'en reste pas moins acquis d'ores et déjà que Panama a soudoyé les pouvoirs publics.

Autre lettre de M. Andrieux.

Répondant aux mêmes objurgations du même journal, M. Andrieux écrivait avec non moins de sens et de raison :

J'ai donné quinze noms de députés ou de sénateurs qui, presque tous, ont avoué. Quant aux cent quatre dont Arton connaît le secret, je me suis borné à livrer l'accusation du baron de Reinach aux appréciations de la Commission, en l'invitant à rechercher les coupables.

Ce n'est pas que je ne les connaisse; mais je commettrais une impardonnable légèreté; je m'exposerais, comme le malheureux Numa Gilly, le justicier d'antan, à réhabiliter les plus compromis, si je les nommais sans avoir des preuves décisives entre les mains.

Autre chose est de savoir que Rollet est un fripon, autre chose est de pouvoir le faire condamner comme tel par une cour d'assises et surtout par une Haute-Cour.

On constate d'ailleurs qu'ayant puisé à des sources différentes des miennes, l'honorable M. Delahaye est arrivé à peu près aux mêmes renseignements. Il a parlé de 192 députés; j'en ai nommé 15; j'ai dit qu'on en trouvera 104 de plus sur les carnets d'Arton; j'ai ajouté que d'autres enfin ont touché directement dans les bureaux du Panama; on voit que je ne suis pas loin des 192 de M. Delahaye.

Vous croyez, cher monsieur, que, pour en finir avec les délations, il faut nommer les coupables. Vous avez trop d'esprit pour avoir dit une naïveté, et je suis convaincu que c'est la sagesse même qui a parlé par votre bouche.

Mais pourquoi vous adresser à moi? C'est à la porte de la Commission d'enquête et à celle du garde des sceaux qu'il fallait frapper. Je puis stimuler leur zèle chancelant; je puis les aider dans leur tâche : il ne m'appartient pas de substituer mon action à la leur, de faire faire des perquisitions et des saisies, d'entendre des témoins, de décerner des mandats, de mettre en branle les agents et les fonds secrets.

Que le gouvernement fasse arrêter Arton! Il aura les 104 noms.

Il va de soi que le gouvernement ne fera jamais arrêter Arton, tenant essentiellement à ne pas avoir les 104 noms.

Les aveux de M. Blondin.

On sut le 7 janvier que M. Blondin avait fait les aveux suivants :

Il reconnut avoir touché de la Compagnie du Panama, en 1886, 500,000 francs en un seul versement; en 1888, 500,000 francs en trois versements de 100,000 francs et en un versement de 200,000 francs, total : UN MILLION. Il affirma que cette somme avait été remise intégralement par lui à M. Baïhaut dont il était l'homme de confiance. M. Baïhaut nia énergiquement, mais les aveux de M. Blondin furent corroborés par ceux de M. de Lesseps et par les déclarations de M. Marius Fontane.

———

Nous sommes arrivés à la fin de la tâche que nous nous sommes donnée; elle a consisté à suivre au jour le jour les développements de la plus gigantesque escroquerie des temps modernes et la révélation de l'incroyable vénalité d'une majorité parlementaire qui s'est maintenue depuis tant d'années en possession du pouvoir.

Nous avons vu une bande d'aventuriers allemands se jeter sur notre pays, y apporter des habitudes de cynisme et d'improbité inconnues jusqu'à ce jour ; nous avons vu ces hommes accueillis à bras ouverts par nos gouvernants, accablés par eux de ces honneurs suprêmes qu'on marchande aux plus héroïques de nos chefs militaires, rançonner une Compagnie dont les chefs n'étaient évidemment pas à la hauteur de l'entreprise tentée par eux, se faire les courtiers des plus ignobles marchandages entre des administrateurs affolés et la majorité républicaine du Parlement.

Eh bien ! il serait temps que notre pays se ressaisît, qu'il fût moins accueillant aux intrigants étrangers et que *la France aux Français* devînt notre devise nationale.

Quant au régime qui permet de telles infamies, il est jugé. Il ne saurait s'agir d'un remaniement plus ou moins insignifiant, d'une Constitution qui jusqu'à ce jour n'a été appliquée loyalement par personne, à commencer par ceux qui ont été mis à la tête du gouvernement. Il faut que l'on renvoie chez eux ces hommes qui mettent leurs votes à l'encan et qu'on s'adresse à ceux chez qui la probité et la modération et la dignité dans la vie sont des vertus traditionnelles. C'est évidemment le sentiment du pays, il faut qu'il le fasse connaître et qu'il manifeste sa ferme volonté de retirer l'honneur de le gouverner à des hommes qui, dans l'exercice du pouvoir, ne se sont révélés que comme des incapables, des impuissants et des corrompus.

FIN

L'UTILITÉ DES VIEUX JOURNAUX

L'encre d'imprimerie éloignant les mouches et les vers tout aussi bien que le camphre ou le papier de goudron, les vieux journaux servent à envelopper les lainages et habits.

De plus, étant imperméables, ils sont précieux pour conserver la glace. Une cruche d'eau glacée, enveloppée dans un journal dont on tord les deux bouts de façon à empêcher toute circulation de l'air, se conserve toute une nuit d'été, la glace ne fondant que d'une façon insensible.

Et il y a des gens pour dire que les journaux ne servent à rien !

UN TRAITEMENT NOUVEAU DE LA COQUELUCHE

Un médecin, le docteur Mohn, prétend guérir cette affection d'une façon *instantanée*, de la manière suivante :

On revêt le petit malade de linge propre, le matin, et on le place dans une pièce isolée. Cela fait, dans la chambre à coucher et dans le local où séjourne l'enfant, on suspend la literie, les habits, les jouets, tout ce qui, en un mot, ne peut être lavé. On brûle 25 grammes de soufre par mètre cube dans la pièce à désinfecter, et on laisse le gaz sulfureux faire son effet pendant cinq heures. Cela fait, on ouvre les fenêtres et on aère le plus possible en établissant des courants d'air. Le soir, l'enfant est couché dans la chambre, et le lit ayant subi cette désinfection, on chauffe à l'aide d'un feu de cheminée si besoin est. L'enfant guérit presque aussitôt.

Ce mode de traitement est, à coup sûr, bien facile à appliquer et paraît rationnel. En tout cas, il ne peut pas faire de mal.

~~~~~~~~~~~~

PRÉCAUTIONS A PRENDRE POUR LA CONSERVATION DES VÊTEMENTS PENDANT L'ÉTÉ

Avant de renfermer les vêtements de laine, qui ne doivent pas servir pendant plusieurs mois, il faut les battre et les détacher avec soin. Ceux qui sont entièrement malpropres devront être lavés dans une décoction de bois de Panama.

On en fait ensuite des paquets qu'on coud dans des nappes ou dans des serviettes après y avoir mis des sachets de camphre, ou de poivre. Les fourrures devront être battues au grand air, puis enfermées toujours avec des sachets de camphre, dans les linges neufs si cela est possible. Les paquets seront ensuite renfermés dans des malles ou des armoires. Malgré tous ces soins, on devra les visiter de temps en temps.

~~~~~~~~~~~~

Dans la rue :
— Vous êtes un malotru !
— Et vous un vampire !
— Vous me rendrez raison.
— Vos armes ?
— Les vôtres ?
— Le lieu, le jour et l'heure ?
— A la frontière d'Espagne, demain à trois heures.
— Convenu, si je ne suis pas exact, « vous commencerez sans moi ! »

~~~~~~~~~~~~

On ressent plus de plaisir à donner qu'à recevoir, disait une jeune mère à son petit garçon pour lui inspirer quelque sentiment de générosité.
— Ça, c'est bien vrai, mère, surtout pour les gifles !

~~~~~~~~~~~~

UNE LEÇON AUX RÉPUBLICAINS

Tandis que nombre de municipalités et de bureaux de bienfaisance républicains excluent de leurs distributions les indigents qui ne font pas profession de libre-pensée, voici un exemple des procédés contraires don[t] usent les conservateurs. La ville de Vannes possède une municipalité conservatrice depuis les dernières élections. Il existe dans la ville des « fourneaux alimentaires » pour les enfants des écoles. Par mesure de représailles et pour se venger de l'ancienne administration qui réservait aux seuls élèves des écoles laïques le bénéfice de ces fourneaux, la nouvelle aurait pu n'en faire profiter qne ses électeurs et leurs enfants.

Ce n'est pas ainsi qu'elle opère : les fourneaux fonctionnant aux frais de tous les contribuables, on y admet maintenant tous les enfants sans distinction d'origines ni d'écoles.

C'est ainsi que nos amis entendent la justice et l'égalité.

QUELQUES CHIFFRES

On a vu mourir de faim en France :

en 1888, 90,000 personnes
en 1889, 96,000   —
en 1890, 97,000   —

Il y a cinquante ans, on comptait 79,000 affaires criminelles ; on en compte aujourd'hui 247,000.

Mais peut-être la justice déploie-t-elle plus de zèle de nos jours? — Eh bien! non. — La preuve en est qu'il y a cinquante ans, on ne trouvait dans les casiers de la justice que 9,000 affaires retenues; il y en a maintenant 78,000 chaque année.

Il y a 12 ans, on comptait 11,000 criminels qui n'avaient pas atteint l'âge de vingt ans; on en compte aujourd'hui 41,000.

Il y a 12 ans encore, le chiffre de criminels au-dessous de 16 ans était de 117; il est à l'heure présente de 557.

A la même époque on relevait en France 3,000 suicides; on en relève aujourd'hui jusqu'à 10,000.

Enfin le nombre des fous internés dans les maisons de santé par suite de misère et de chagrin était alors de 39,000; il est maintenant de 71,000.

A la Chambre :

L'orateur. — D'ailleurs, messieurs, à l'appui de ma thèse, qu'il me suffise de vous donner la liste des ministres qui se sont succédé en France depuis que nous sommes en République.

Un membre. — Alors, une séance de nuit !

Entre candidats. · · Vous combattez le candidat du gouvernement! Mais c'est la lutte du pot de terre contre le pot de fer.

— Non, mon cher monsieur, c'est tout simplement la lutte du *pot de terre* contre le *pot de vin.*

Paris. — Imp. Charaire et Cⁱᵉ, 10², Faubourg Poissonnière.